著

iangying

我爱

海南

山东画报出版社

图书在版编目（ＣＩＰ）数据

我爱海南/李雪莹编著．—济南：山东画报出版
社，2014.2
　　（中国梦家乡情丛书）
　　ISBN 978 - 7 - 5474 - 1210 - 7

　　Ⅰ.①我…　Ⅱ.①李…　Ⅲ.①海南省—概况—青年读
物②海南省—概况—少年读物　Ⅳ.①K296.6-49

中国版本图书馆 CIP 数据核字（2014）第 029223 号

责任编辑　许　诺
装帧设计　林静文化
主管部门　山东出版集团有限公司
出版发行

社　　址　济南市经九路胜利大街 39 号　邮编 250001
电　　话　总编室（0531）82098470　（010）61536005
　　　　　　市场部（0531）82098479　82098476（传真）
网　　址　http://www.hbcbs.com.cn
电子信箱　hbcb@sdpress.com.cn
印　　刷　北京山华苑印刷有限责任公司
规　　格　165 毫米×225 毫米
　　　　　　12 印张　40 幅图　112 千字
版　　次　2014 年 3 月第 1 版
印　　次　2014 年 3 月第 1 次印刷
定　　价　23.50 元

序言 PREFACE

月是故乡明

"中国梦 家乡情"丛书出版了，可喜可贺！

对家乡故土的眷恋可以说是人类共同而永恒的情感，对家乡和祖国充满热爱与牵挂，更是具有深厚文化底蕴和历史积淀的中华民族传统美德。

"乡愁是一枚小小的邮票，我在这头，母亲在那头。"台湾著名诗人余光中的《乡愁》诗曾在海峡两岸同胞心中激起强烈的共鸣。诗人把对亲人、家乡、祖国的思念之情融为一体，表达出远离故乡的游子渴望叶落归根的浓郁而又强烈的家国情怀。纵览历史长河，历代志士仁人留下了多少对家乡魂牵梦萦的不朽诗篇，激励着一代代中华儿女的爱国思乡情怀。李白的"举头望明月，低头思故乡"，杜甫的"露从今夜白，月是故乡明"，无一不是抒发浓浓的思念故土之情。

民族传统文化是一条奔流不息的长河，从古至今绵延不绝。家乡是一棵枝繁叶茂的大树，守护着我们的生命，铭记着我们的归属。而薪火相传的家乡文化则是一方沃土，拥有着最厚重、最持久、最旺盛的生命力，滋养着一代又一代的青少年茁壮成长。中国有着九百六十万平方公里的土地和辽阔的领海，山河壮丽，幅员辽阔，物华天宝，人杰地灵。不同的地域有着不同的源远流长的家乡文化，辉煌灿烂，博大精深，特色鲜明，各有千秋。

一方水土孕育一方文化，一方文化影响一方经济造就一方社会。在中华大地上，不同地域有着不同的自然地理环境、民俗风情习惯、政治经济情况，形成了各具特色的地域文化。中国是世界上最古老的文明国家之一，有着几千年光辉灿烂的文明历史，行政区划的历史也十分悠久。从公元前688年的春秋时期开始置县，中国的行政区划至今已有2500多年的历史。作为最高一级的行政区划单位，省级行政区域的设立和划分起源于元朝。后来不同朝代和历史时期多有调整，到目前为止，我国共有23个省，5个自治区（自治区是中国少数民族聚居地方实行民族区域自治而建立的相当于省的行政区域），4个直辖市（直辖市是人口比较集中，在政治、经济、文化等方面具有特别重要地位的省级大城市），2个特别行政区（特别行政区与省、自治区、直辖市同属直辖于中央人民政府的地方行政区域）。此外，台湾作为一个省份，也是

中国领土不可分割的组成部分。这套丛书即是以省级行政区划为单元分册编写的。

这套丛书以青少年为阅读对象，力求内容准确可靠，详略得当，行文通俗，简洁流畅，注重知识性、趣味性、可读性，让青少年较为系统地了解家乡的自然环境、山川河流、资源物产、悠久历史、杰出人物、文化遗产、民俗风情、名胜古迹、经济建设等方面的情况，感受祖国各地的家乡之美。通过这些文化元素的熏陶，培养青少年对祖国和家乡的朴素感情，引导青少年热爱生于斯、长于斯的这片沃土，陶冶情趣，铸造性情。希望广大青少年认真阅读，汲取这套家乡文化读本中的精华，进而树立热爱家乡、热爱祖国的决心和信念，为建设家乡、建设祖国贡献力量。

（原新闻出版总署署长）

2014 年 2 月 6 日

目 录 CONTENT

第一章

椰林碧海　四时常花

　　海南地处热带北缘，属热带季风气候，素来有"天然大温室"的美称。这里长夏无冬，光温充足，光合潜力高；岛上四季长青，空气清新，被誉为"回归大自然的好去处，未受污染的长寿岛。"

∧ 俯瞰海南

第一节　海南的地理位置

　　海南省地处北纬 3° 30′ —20° 18′，东经 108° 37′ —111° 05′ 之间，位于中国最南端，北以琼州海峡与广东划界，西临北部湾与越南相对，东濒南海与台湾相望，东南和南边与菲律宾、文莱和马来西亚为邻。

　　海南省的行政区域包括海南岛、西沙群岛、中沙群岛、南沙群岛的岛礁及其海域。全省陆地（主要包括海南岛和西沙、中沙、南沙群岛）总面积 3.54 万平方公里（其中海南岛陆地面积 3.39 万平方公里），海域面积约 300 万平方公里。海南省于 1988 年建省，同时成立海南经济特区，它是中国第 23 个省和面积最大的经济特区。人口将近 800 万。

第二节　地质和地貌

　　海南岛原来与广东省的雷州半岛相连，后因地壳运动下陷，海水上淹，形成琼州海峡，使其与大陆分离，成为大陆岛。南海诸岛则是由于海底火山喷发堆积、珊瑚繁殖和海底泥沙堆积综合作用形成的，属于海洋岛。

　　海南岛由于中、新生代大规模的岩浆活动，地层多呈天窗式出露，仅占全岛面积的 18%。最老的地层为中元古界抱板群，出露在西部昌江和东方县，为深水碎屑浊积岩夹镁铁质火山岩，经角闪岩相区域变质作用形成的混合片麻岩、混合岩化片岩夹斜长角闪岩系，组成海南岛的结晶基底，锆石UPb同位素年龄17.51亿年和14.63亿年。

省内地层发育较全，自中元古界长城系至第四系，除缺失蓟县系、泥盆系及侏罗系外，其他地层均有分布。采用岩石地层单位（含火山岩地层）分区，共59个正式岩石地层单位。

一、地质构造

海南地处的大地构造单元，以海南岛的东西向九所—陵水构造带为界，在该构造带以南的三亚地区和南海在内的广大地区属于南海地台，在海南岛陆上部分三亚地区划分为南海地台北缘三亚台褶带；在该构造带以北至王五—文教断裂带属于华南褶皱系五指山褶皱带；在王五—文教断裂带以北琼州海峡及其两岸在内的地区属于雷琼断陷。

从海南地壳活动的特点来看，无论在构造运动、岩浆活动、沉积作用、变质作用及成矿作用等方面，都具有多旋回特征，而且在发展演化上具有多阶段性，在空间展布上具有不均衡性。

知识小百科

断裂带

断裂带亦称"断层带"。有主断层面及其两侧破碎岩块以及若干次级断层或破裂面组成的地带。在靠近主断层面附近发育有构造岩，以主断层面附近为轴线向两侧扩散，一般依次出现断层泥或糜棱岩、断层角砾岩、碎裂岩等，再向外即过渡为断层带以外的完整岩石。

海南岛发生的构造运动，以区域性地层的不整合接触关系和岩浆岩侵入的时间为依据，自中元古代以来，经历了中岳、晋宁、加里东、海西、印支、燕山和喜马拉雅等构造运动。每一期构造运动都在海南岛留下一定的构造形迹。从空间分布上，以各种方向、不同形态和不同性质的构造形迹组合，形成东西向构造带、南北向构造带、北东向构造带、北西向构造带等主要构造体系，构成了本岛的主要构造格局，控制着本岛沉积建造、岩浆活动、成矿作用以及山川地势的展布。

海南岛的深部构造特征表现为地幔隆起背景上的凹陷区，幔凹的中心在琼中至乐东一带，幔凹的最大深度为 34 公里左右。由于岛内的地壳结构不同和深部构造的差异，导致了海南岛在构造活动、岩浆侵入和喷发以及沉积建造等方面表现出许多不同的特征。

海南省土地绝大部分在海南岛。海南岛形似一个呈东北至西南向的椭圆形大雪梨，四周低平，中间高耸，以五指山、鹦哥岭为隆起核心，向外围逐级下降，由山地（占 25.4%）、丘陵（占 13.3%）、台地（占 32.6%）、平原（包括阶地占 28.7%）构成环形层状地貌，梯级结构明显。这种地貌具有台地、阶地特多，山丘密集相连，平原少而分散的特征，对全岛气候、土壤、植被等的形成和分布有深刻影响，也决定了土地以农为主，农、林、牧、副、渔多种经营并举的格局。

二、山地与丘陵

海南岛的山地均属中低山地。山地与丘陵是海南岛地貌的核心，占全岛面积的 38.7%。山地主要分布在岛中部偏南地区，海南岛的山脉多数在 500—800 米之间，实际上是丘陵性低山地形。山地以五指山、鹦哥岭为隆起核心。

在山地的四周，多为海拔 500 米以下的丘陵，主要分布在岛的西部、东南部和北部内陆等地区，丘陵下部土质疏松、土层深厚、排水良好、湿润，适宜发展热带作物。

在山地中，还散布着丘陵性的盆地。著名的盆地有通什盆地、营根盆地、东方盆地、乐东盆地，它们都是山区工农业生产的重要基地。

海南环岛，除南部个别地方山脉直逼海岸外，多为滨海平原，占全岛总面积的11.2%，主要有冲积平原、海积平原以及潟湖、沙地等。

海南岛的冲积平原，主要由河流从岛内陆携带物质在河口冲积而成。其中以南渡江、万泉河、陵水河和昌化江等河流下游入海处的冲积平原面积较大。

三、河流与水库

海南岛中部高四周低的地势形成许多短壮独流入海的河流，组成放射状水系。全岛独流入海的河流共154条。较大的河流有南渡江、昌化江、万泉河，三大江河集水面积均超过3000平方公里，为海南岛三大河流，其流域面积占全岛面积的47%。比较长、大的河流都发源于中部山区，较

< 海南河流

小的河流多发源于山前丘陵或台地上，它们都顺着中高周低的地势，放射奔流出海，落差大，水利开发条件优越。

　　全省水库面积55533公顷。较大的水库有松涛水库、大广坝水库、牛路岭水库、万宁水库、长茅水库、石碌水库等。其中松涛水库集雨面积1440平方公里，水面面积114平方公里，总库容33.4亿立方米，为海南省最大水库。

第三节　海岸和海岛

一、海岸

　　海南省海岸线总长1927.6公里，海岸主要为火山玄武岩台地的海蚀堆积岸由溺谷演变而成的小港湾或堆积地貌海岸、沙堤围绕的海积阶地海

岩石海岸 >

椰林碧海　四时常花

岸。海岸生态以热带红树林海岸和珊瑚礁海岸为特点。据海南岛海岛资源综合调查，海南岛环岛海岸线总长 1618 公里，其中文昌—万宁岸线长 508 公里，陵水—乐东岸线长 382 公里，东方—昌江岸线长 166 公里，琼山线长 562 公里。

海南省岩石海岸由不同时代的花岗岩、变质岩或沉积岩构成。主要分布于海南岛西北部（马村—洋浦），东部的铜鼓岭和东南—南部（新村湾—梅山）一带沿岸，其余岸段有零星分布。

海南省沙质海岸占全省海岸线长度的四分之三。其主要分布于沙坝潟湖和三角洲平原沿岸。在抱虎角—大花角岸段，沙质海岸占绝大部分，约 250 千米岸段为沙质潟湖海岸，集中分布在抱虎角至铜鼓咀、博鳌至大花角两个岸段。

珊瑚礁海岸是我国热带和南亚热带的一种特殊的生物海岸类型。珊瑚礁海岸由造石礁珊瑚骨骼及其碎屑构成（且常伴有喜礁生物骨骼）。海南岛珊瑚礁海岸呈断续分布，珊瑚礁带多为裙礁（岸礁）、潟湖岸礁、离岸堤礁。其中以裙礁分布最广，通常以礁坪的形式在沿海展现，宽度为 10—200 米不等，而海南岛东岸分布较宽，一般在 1500—2000 米之间。

< 海底珊瑚礁

二、海岛

南海诸岛地形具有面积小、地势低的特点。其中以西沙群岛的永兴岛面积较大,计1.8平方公里,其余都在1平方公里以下,最高的西沙群岛石岛,海拔也不过12—15米,其余一般都只高出海平面4—5米。此外,还有一群暗沙。

永兴岛 >

第四节 气候

海南岛地处热带北缘,属热带季风海洋性气候,素来有"天然大温室"的美称,基本特征为:四季不分明,夏无酷热,冬无严寒,气温年差较小,年平均气温高;干季、雨季明显,冬春干旱,夏秋多雨,多热带气旋;光、热、水资源丰富。

椰林碧海 四时常花

海南岛位于北回归线以南，终年太阳高度角大。夏至前后有两次太阳位于天顶。各地夏至与冬至的昼长相差很小，因而，太阳辐射能相当丰富，日照充足。海南岛大部分地区年平均气温在 22.5℃—25.6℃之间。

海南岛位于东亚季风区，受季风影响较为明显。东风带系统和西风带系统对其均有影响。冬夏季风的转换，来自大陆腹地的干冷气流与来自热带海洋的暖湿空气交替侵入，造成了海南岛的干湿、寒暑变化。冬季，主要受东北季风影响，盛行干冷的偏北气流，气候干旱少雨。干冷气团在南移的过程中，由于下垫面不断增暖、增湿作用，到达海南岛时强度已大为减弱。偶尔也有较强的冷空气南下影响，造成明显降温、降雨、大风天气过程。夏季，主要受来自南半球的东南季风和来自印度洋的西南季风影响，盛行偏南暖湿气流。主要天气系统有副热带高压、低压槽、热带辐合带等。在热带辐合带内可以生成热带气旋，时而影响海南岛，造成大风和暴雨天气。由于地处高温、高湿地带，热力性对流降水也十分频繁。春、秋两季是冬季风和夏季风转换的过渡季节。

海南岛由于温度较高，降水主要以降雨为主，只有在某些年份，在强烈的对流上升运动作用下偶尔出现下冰雹，并以北部内陆的春、夏季出现机率大些。海南岛是同纬度世界上降雨量较多的地区之一，水汽来源充足，降水总量多，时空分布不均。平均年雨量约为 923—2459 毫米。下雪是罕见现象。据史料记载，正德丙寅年（1506 年），明代举人王世享曾记下万州（今万宁）下雪的实况；1950 年后，还没有下雪的记录。

第二章

南海明珠　山川秀丽

五指山是海南第一高山，是海南岛的象征。群山环抱，森林茂密，云雾缭绕。五指山产生的河流呈辐射状，滚滚流向海南岛的四面八方，最终流进大海。海南岛最大河流万泉河就发源于五指山。民间对五指山的赞美，流传着这么一句话："不到五指山，不算到海南。"

∧ 万泉河峡谷

第一节　海南岛的山

　　海南岛的山脉多数在 500—800 米之间，实际上是丘陵性低山地形。海拔超过 1000 米的山峰有 81 座，成为绵延起伏在低丘陵之上的长垣，海拔超过 1500 米的山峰有五指山、鹦哥岭、俄鬃岭、猴猕岭、雅加大岭和吊罗山等。这些大山大体上分三大山脉：五指山山脉位于海南岛中部，主峰海拔 1867.1 米，是海南岛最高的山峰；鹦哥岭山脉位于五指山西北，主峰海拔 1811.6 米。

一、五指山

　　五指山位于海南岛中部通什市与琼中县交界处，海拔高度 1867 米，是海南第一高山。它是由燕山晚期中酸性火山岩喷发构成的高大山体。因

五指山 >

南海明珠　山川秀丽

岩石结构紧密、抗风化力强和构造裂隙发育，流水沿裂隙切割、浸蚀形成群峰兀立，地势险要，峰峦起伏成锯齿状，形似五指，故得名。远眺五指山，群峰如指，直插云间，五峰之间，有深谷相隔，遥相对峙，又有逶迤相连，各自独立，蔚为壮观。沿着山间小路盘旋而上顶峰，云雾缭绕，俯瞰山下森林在雾中，头浮云海里，好似遨游云海。五指山区遍布热带原始森林，层层叠叠，逶迤不尽。它还是海南著名的万泉河和昌化江的发源地，山光水色交映相照，构成奇特的秀丽风光。

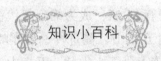

知识小百科

五指山的传说

在遥远的古代，现在的五指山区是一片开阔的平原。平原上住着一对勤劳的黎族夫妇，男的叫阿立，女的叫郁麦，他们生下5个孩子，全家种着自己开垦出来的半亩田。土地是肥沃的，可生产工具很落后，连种子也是采集来的野生稻种。这家人的日子过得十分艰苦。

一天夜里，一位须仙翁对阿立说：你家茅屋近旁的地下，埋着一把宝锄和一把宝剑，快把它们挖出来。只要你举起宝锄喊声"挖"，荒地便会长出好庄稼；挥动宝剑叫"砍"，参天大树会应声倒地。要是有坏人来欺侮你，只要你手挚宝剑大喝一声"杀"，坏人的脑袋就会搬家。

第二天大清早，阿立果然挖到了宝锄和宝剑。他们用剑砍倒了一棵棵大树，用锄垦出一块块田地，日子也一天天好过起来。由于有宝剑保护，坏人也不敢来伤害他们。

阿立去世后，他的儿子把宝剑做了父亲的陪葬品。海盗得知这个消息，把五兄弟都抓了起来，强迫他们说出宝剑的埋藏地点。但五兄弟谁也不肯吐露半点口风，后来都被杀害。五兄弟的英勇行为感动了栖居在这一带的熊、豹、蚁、蜂与鸟，它们从四面八方拢起来，咬死了海盗。随后又垒起五座高高的坟山，把五兄弟安葬在里面。这五座山，原名五子山，后来，因为它们像5个手指指向苍天，所以又被称为五指山。

二、七指岭（七仙岭）

　　七指岭位于保亭县境内，地处东西向尖峰—吊罗构造带上，主峰海拔高度1126米，是海南著名的名山之一。它是由下古生界志留系变质石英砂岩、石英岩构成的山体。在4.4亿年前，这一带地区为汪洋大海，此时接纳由流水搬运来的大量石英质碎屑，后经历漫长而复杂的成岩过程和变质作用，造就了巨厚的变质石英砂岩和石英岩层，为后来形成的七指岭岩峰峰林地貌景观提供了物质基础。后来，由于燕山期造山运动，使七指岭地区隆起为陆地，并褶皱形成山体。由于变质石英砂岩和石英岩经历了多次构造运动影响，发育节理裂隙，在流水渗透、浸蚀下，石缝裂隙逐渐扩大，使原来的变质石英砂岩和石英岩岩块被分割形成孤峰，峰峦起伏成锯齿状，形似七指，故得名。远眺七指岭，山峰峥嵘，白云缭绕，景色绚丽，蔚为壮观。由于七指岭地区处在尖峰—吊罗深大断裂带上，在七指岭脚下，有由深断裂带控制形成的自喷温泉多处，最高水温达96℃，含有多种微量元素，具有较高的医疗保健价值。

七仙岭 >

　　　　　　　　　　　　　　　　　　南海明珠　山川秀丽

三、黎母山（黎母岭）

黎母山林区位于北纬 19°07′—19°14′，东经 109°39′—109°49′，南北宽 9.7 公里，东西长 15.5 公里，土地总面积 19.3 万亩，地处海南岛正中部高峰区琼中县境内，地处东西向昌江—琼海构造带与北西向儋州—万宁断裂带交会部位，海拔高度 1411 米。它由燕山早期黑云母钾长花岗岩组成的高大山体。定型于燕山早期，后又经燕山晚期及喜山期构造运动抬升作用，使黎母岭高高抬起，构成钾长花岗岩穹窿山体，成为今日的黎母岭地势嵯峨、峡谷幽深的山岳地貌。与儋州市、白沙县交界，距省会海口市 165 公里。

黎母山林区得天独厚，自然环境优越，地形地貌奇特，气候适宜，拥有多种丰富的自然资源，特别是动植物种类繁多，其中有许多国家重点保护的珍稀濒危物种，区内各种景观景点众多，奇山怪石异树名花纷呈，人文景观内蕴深厚，民族风情韵味悠长，发展前景很好。

< 黎母山

我爱海南

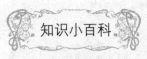

黎母山的传说

相传，在远古的时候，海南没有人类，山上只有各种飞禽走兽。有一天，天上的雷公云游四方，经过这里，看到海南岛上鸟语花香，真是个好地方。他羡慕地说，要是能住在这里该多好啊。于是他就找来一颗蛇卵，藏在山中，让山上的五色雀照护。第二年三月初三这天，雷公再次经过，他从天上打下一声惊雷，山摇地动，震得藏在山上的蛇卵裂开两半，从里面走出一个美丽的姑娘。雷公变成一个慈祥的老爷爷，给这个姑娘取了个名字叫"黎"。于是山中的五色雀、梅花鹿，还有各种小动物都跑来庆贺，它们叫她"阿黎姑娘"。有一天，有个英俊勇敢的小伙子渡海来到海南岛，到山中寻找一种珍贵的香料——沉香。小伙子在山中遇到阿黎姑娘，他马上被阿黎姑娘的纯真和美丽所吸引，两人相互爱慕，心心相印，从此在一起劳动和生活。他们生了很多子孙，后来靠采摘野果已经不够他们生活了，雷公就派五色雀叼来山兰稻种，他们带领子孙后代一起砍山种山兰，喝用山兰酿造的甜美的酒，过着幸福快乐的生活。他们死后，子孙后代为了纪念自己的始祖，尊称她为"黎母"，把他们脚下这座母亲山叫"黎母山"，他们自称"黎人"。

四、鹦哥岭

鹦哥岭位于白沙县境内，与琼中县交界处，地处白垩纪白沙红层盆地的东缘，海拔 1811 米，是海南第二高山。它是由下白垩统鹿母湾组巨厚的灰色和紫红色砂岩、砂砾岩、砾岩组成的高大山体。随着断层裂隙切割和流水浸蚀加强，使红层地块肢解，塑造出山峰壁陡、谷深的地貌景观。山体形态各异，多姿多彩，远眺主峰山体形像鹦鹉，形象逼真，故称鹦哥岭。鹦哥岭地区还是南渡江发源地之一，有山有水，瀑布飞溅，山水相映，竹木丛生，山花烂熳，增添了鹦哥岭风光的姿色和无限生机。

< 鹦鹉岭

五、吊罗山

　　吊罗山位于陵水县境内，北部与琼中县接壤，主峰海拔高度 1499 米，地处东西向尖峰—吊罗构造带上。由燕山晚期黑云母钾长花岗岩组成的高大山体，后经燕山晚期后期和喜山期构造运动及尖峰—吊罗断裂带长期活动的抬升作用，形成一条巨大的东西向花岗岩穹窿构造带，群峰峥嵘起伏，山岳叠嶂，悬崖深渊发育，成为今日的吊罗山山川地貌。吊罗山山体高大，气候多变，雨水充沛，花岗岩风化的土壤肥沃，适宜热带雨林繁殖，是一

< 吊罗山

我爱海南

处天然的森林公园，遍布热带原始森林。河溪纵横，潺潺流水，飞溅直泻，山光水色交相辉映，景色极为壮观，是登山探险、地质科学考查、游览热带雨林的高山旅游地。

六、坝王岭

坝王岭位于昌江县东南部，与白沙、乐东、东方三县市相毗邻，面积约为240平方公里，其主峰海拔高度1390米。坝王岭地区地处东西向昌江—琼海构造带南侧，琼西南北向断裂带上北段金波断裂南端，主要由印支期黑云母二长花岗岩组成的高大山体，岩石类型丰富，沿坝王岭林区公路分布有琼西地区代表性的岩石谱系单位，单元—超单元填图方法研究的花岗岩剖面。在虎头岭一带陆相白垩系"红层"与花岗岩呈沉积不整合接触，像帽子一样戴在花岗岩之上，方山怪石，比比皆是，峭壁悬崖，蔚为奇观。区内山体群峰连绵叠翠，烟云飘浮，林海浩瀚，古树参天。

由于自然条件得天独厚，热带雨林生态系统保存完整，有多种热带亚热带珍稀植物生长繁衍，使坝王岭成为我国热带生物资源最丰富的地区之一。现已发现分布在原始森林中木材种类达400多种，列为国家重点保护

坝王岭 >

珍贵稀有树种如坡垒、子荆、母生、苦荆、花梨木、粗框、陆筠松、见血封喉等就有 27 多种。坝王岭还有热带兰花，有极高的观赏价值，曾屡次在全国兰花展览中获奖，声名大噪。坝王岭气候温和，植物种类繁多，深山野林环境幽雅，适宜野生动物生长繁衍，珍稀野生动物很多，最珍贵的要属黑冠长臂猿，这是世界上四大类人猿之一。坝王岭内的两栖动物之多也是名扬海内外，有许多国家和地区的学者前来参观考察，对坝王岭地区两栖动物种类之多给予了高度的赞赏。坝王岭地区还蕴藏有丰富的金、多金属、稀土等矿产资源，有待勘查开发。

七、燕窝岭

　　燕窝岭位于昌江县乙洞村南约 3 公里。为二叠系石灰岩岩溶地貌景观，主峰海拔高度 478 米。这里陡崖耸峙，鬼斧神劈。岭前是滔滔的昌化江，远观燕窝岭，像一只巨大的青蛙蹲在江水边。燕窝岭与昌化江山水相依，山前一江碧玉，烟波浩渺，山上古木参天，浓荫铺翠。燕窝岭上石灰岩发育有溶洞，在悬崖溶洞洞穴的缝隙中，终年有成千上万只金丝燕吐沫造窝，

<金丝燕

我爱海南

繁衍生息。燕窝岭故此得名。每日清晨和夕阳西下时,成群结队的金丝燕从洞中飞出和归窝时,天空黑压压一片,遮天蔽日,堪称奇观。在燕窝岭东南面为大片农田,妩媚秀丽的田园风光景色和峥嵘险峻的岩溶地貌融为一体。傍晚,牧童短笛横吹,自在逍遥,构成一幅绝妙的山水画卷。

八、尖峰岭

尖峰岭位于乐东县境内,海拔高度1412米,地处东西向尖峰—吊罗构造带西端上,由印支期黑云母正长花岗岩组成的高大山体。因受尖峰—吊罗断裂带长期活动的影响,岩体断裂裂隙节理发育,流水沿断裂切割、浸蚀形成悬崖和峡谷深渊,地势嵯峨,绝壁对峙。尖峰岭山体的岩石结构紧密,抗风化力强,因而造就的山体山峦叠嶂,孤峰兀立,峭壁摩空,像一把神剑直插云间,形成奇特的尖峰自然景色。尖峰岭气候温和,雨水充沛,适宜热带动植物生长繁衍,已发现维管植物2000多种、树种300多种、鸟兽类148种、昆虫类近千种。这里简直是天然的"物种基因库"。尖峰岭热带原始森林,层层叠叠,古树参天组成绿色屏障,逶迤不尽。尖峰岭

尖峰岭 >

地区还是蕴藏有金、钨、锡和丰富的翠玉红花岗岩饰面石材和水晶矿资源。尖峰岭是一处开辟生物研究和地质考察的旅游胜地。

九、白石岭

　　白石岭位于琼海市万泉河南岸，海拔高度 328 米。白石岭群峰是由上白垩统白色和灰白色砂岩、砂砾岩、砾岩组成，岩石裸露风化为白色，故名白石岭。白石岭景区由公仔岭、登高岭、衬布岭、三牛岭等群峰组成，矗立在万泉河畔，群峰凌空，巨石怪立，深涧峡谷，洞壑幽深莫测。热带的奇花异草，竹木丛生，绿树成荫。沿岭上 1308 级傍山石阶贴崖而上，攀上登高岭眺望，北侧为林木苍翠的山麓，玉带状的万泉河逶迤曲折，环

＜白石岭

我爱海南

绕白石岭群峰流过，缓缓流向南海。南面和东西两侧有诸多水库环绕，远有天水一色、碧波浩翰的南海，近有交相辉映的湖光山色，使人目不暇接，心旷神怡。登高岭石峰因流水浸蚀和风化作用，形态多姿，变幻多端，形成仙人井、风廊、仙人脚印等景致。

十、东山岭

东山岭位于万宁市城东2公里处，三峰并峙，最高峰海拔高度184米。山体由燕山早期花岗岩组成，在漫长的地质历史时期，经历了燕山晚期和喜山期构造运动，使花岗岩发育多组不同方向的节理，断裂裂隙，经流水沿节理、裂隙浸蚀和风化剥蚀作用，形成了诸多的奇峰怪石，悬崖峭壁，异洞神奇莫测等地貌景观。自然造型著名的景点有七峡巢云、正笛凌霄、仙舟系缆、蓬莱香窟、海眼流丹、瑶台望海、碧水环龙、冠盖飞霞、云略初阶、东山耸翠、南天斗宿、华封仙榻、三十六洞等花岗岩风化地貌佳景百多处。处处神奇，石石苍劲，洞洞莫测，素享"海南第一山"之美誉。

∧ 东山岭

南海明珠　山川秀丽

东山岭花岗岩在燕山早期形成后，曾是被海水包围的孤岛，花岗岩受强烈的海浪冲蚀形成了海蚀崖、海蚀柱等各种海蚀地貌。这些海蚀地貌在东山岭有的高出现代海平面130多米，离现代海岸线达4公里，这些特殊的地貌现象，是该地区在燕山晚期造山运动和喜山运动使地壳抬升，海水退出成陆的佐证。东山岭是一处极有魅力的开展地质旅游考察的胜地。

十一、鹿回头（南边岭）

位于三亚市区南边，主峰海拔275.1米。鹿回头三面环海，山上岩石裸露，层峦起伏，雾霭缭绕，三面依海，碧波环绕，大东海、小东海、三亚湾的断崖尽处，浪花怒放。面向茫茫南海，碧水蓝天，天海一色，碧波万顷，风帆点点。山、水、石特色各异的景观融为一体，宛如一幅构思奇巧的山水画卷。奥陶纪砾岩石遍布山上，这些砾岩巨石大量记载了鹿回头一带的地壳演变发展史。

< 鹿回头

大约在奥陶纪 4.6 亿年前，鹿回头一带是一片茫茫大海，分布在鹿回头山上的砾岩是茫茫大海的沉积物，经过漫长的地质作用才固结成为此种岩石。后来大约在奥陶纪末 4.4 亿年至侏罗纪晚期 1.45 亿年前，三亚地区发生强烈的地壳运动，使鹿回头及三亚一带的地壳慢慢隆起成为陆地，褶皱形成巍峨壮丽的山川。尤其在印支早期 2.45 亿年至燕山早期 1.45 亿年前构造运动，使三亚一带的地壳断裂，节理裂隙纵横交错，将鹿回头山上的砾岩层切割成如今的面貌并保存下来。与此同时，还使三亚一带发生大规模的岩浆岩侵入，致使花岗岩遍布三亚地区。直到第三纪早期 6500 万年后，三亚一带的地壳运动才稳定下来，那些砾岩巨石构成巍峨壮丽的鹿回头山川景色得以保存，使我们可以了解那段地质活动强烈的年代。

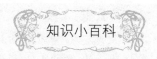

知识小百科

鹿回头的传说

很久很久以前，有一个残暴的峒主，想取一副名贵的鹿茸，强迫黎族青年阿黑上山打鹿。阿黑上山打猎时，看见了一只美丽的花鹿，正被一只斑豹紧追，阿黑用箭射死了斑豹，然后对花鹿穷追不舍，一直跑了九天九夜，翻过了九十九座山，追到三亚湾南边的珊瑚崖上。花鹿面对烟波浩瀚的南海，前无去路。此时，青年猎手正欲搭箭射猎，花鹿突然回头含情凝望，变成一位美丽的少女向他走来，于是他们结为夫妻。鹿姑娘请来了一帮鹿兄弟，打败了峒主，他们便在石崖上定居，男耕女织，经过子孙繁衍，把这座珊瑚崖建成了美丽的庄园。后人为纪念他们，将此山取名为鹿回头。现在鹿回头已被开发成风景区。根据这一神话传说，在鹿回头山顶公园上刻石塑造巨型雕像。因其秀美景色，鹿回头公园终年吸引众多游客，是南国的旅游胜地。

第二节 海南的河流

一、南渡江

　　海南第一大河发源于白沙县南峰山，斜贯本岛北部，流经白沙、琼中、儋州、澄迈、屯昌、定安、琼山，至海口市入海，全长 334 公里，总落差 703 米，流域面积 7176 平方公里，100 平方公里以上的支流有 19 条。西昌水为南渡江最大支流，长 257 公里。

　　河床水道蜿蜒曲折，溪流交错；岩壁奇松怪石，云海险峰美不胜收；河底鹅卵石纹理精妙，天工造物，鬼斧神工。源头区域内，动植物种类繁多，生物多样性保护完好，大片森林浓郁苍翠，森林面积达 124.8 万亩，森林覆盖率 90.1%。鱼类丰富多样，在海南岛已记录到的 106 种淡水鱼种中，仅在源头南开河一段就发现有 48 种，淡水鱼品种资源占到全岛的近 50%。

<南渡江

我爱海南

二、昌化江

发源于五指山西北部，横贯海南岛西部，流经琼中、保亭、乐东、东方，至昌化港入海，全长 231 千米，总落差 1270 米，流域面积 5070 平方公里。隋代昌化县治在今河口北侧，昌化江因此得名。

昌化江干流在番阳以上为上游，番阳至叉河为中游，叉河以下为下游，中游东方县的广坝处河床陡然下跌约 40 米。昌化江支流众多，流域内的较大支流左岸有南满水、通什水、乐中水、大安水、南巴水、东方水、右岸有南绕河、七差水、石碌水。流域内集水面积大于 100 平方公里的支流有 10 条，其中通什水集水面积最大，石碌水次之。

昌化江流域地势北面和东南面较高，西北和西南面较低，其中昌化河下游一带地势最低，北面以黎母山脉与南渡江、珠碧江为界，在东南以五指山脉与万泉河、陵水河、藤桥河和宁远河毗邻，其西和西南面以尖峰岭与望楼河、白沙溪、南港河、感恩河和八所河相隔。流域内大部分地区山岭重叠，呈多层山岳地形，平地较少。

昌化江 >

<昌化江花岗岩河床

　　昌化江全程大部分流淌在原始的热带雨林中，昌化江流域的山区土质为黄棕色壤土，山间盆地土质为黄色和灰色沙壤土，沿海为堆积沙土。流域内植被良好，山区多为森林覆盖，盆地和流域下游多为丛林或草地，沿边有各级林场、农场采伐营造和耕作。

三、万泉河

　　万泉河是中国海南岛东南部河流。有两个源头：南支乐会水为干流，长109公里，发源于五指山林背村南岭。北支定安水，源出黎母岭南。两

<万泉河

我爱海南

水在琼海市合口嘴会合，始称万泉河，经嘉积至博鳌入南海。全长163公里，流域面积3683平方公里。上游高山峻岭，流经深山峡谷。过合口嘴以后河槽渐宽，水流平缓。总落差523公尺，年最大洪峰一般出现在7—10月，非汛期（11月4月）流量甚少。水能蕴藏量263000千瓦。河口呈葫芦状，港口如钳，宽约100公尺。通航河道约73公里。

万泉河全长163公里，是海南岛第三大河，沿河两岸典型的热带雨林景观和巧夺天工的地貌，令人叹为观止，被誉为中国的"亚马逊河"。万泉河发源于五指山，上游两岸峰峦起伏，峰连壁立，乔木参天，河谷狭窄，水流湍急，河水清澈透明，浅水之处游鱼依稀可见，卵石色彩斑斓。万泉河的上游水流湍急，河面窄，险滩众多，主要有9道险滩；万泉河的中下游，从石壁至椰子寨一带，河水温顺平缓；下游河面更是段段开阔，漫江碧透，水清见底，沙礁可辨，卵石可数。两岸都是椰林和蕉园，景色变幻神奇。

河水流经琼海市境内81公里，在流经市区时，在河心形成一个沙洲岛。河畔有著名的官塘温泉，有风光秀丽的白石岭风景区。万泉河景色最美的地方是在出海口，这里集三河（万泉河、龙滚河、九曲江）、三岛（东屿岛、

29

沙坡岛、鸳鸯岛）、两港（博鳌港、潭门港）、一石（砥柱中流的圣公石）于一体，被认为是世界上河流出海口中自然风景保存最好的地方之一。

圣公石位于万泉河出海口博鳌港外侧西南约 150 米的水面上。据传这块巨石是女娲炼五彩石补天时不慎遗落人间的黑色岩石，此石正好坠落在博鳌港出海口，使此处奇石突现，后人称为"圣公石"。

< 圣公石

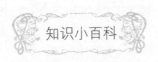

知识小百科

万泉河的传说

传说元英宗硕德八剌在位时（1325 年），听信谗言，将图帖睦尔放逐到琼州。图帖睦尔被安置在琼州府城居住的时候，见到元帅陈谦亨的侍女青梅通诗词，善歌舞，声色并丽，便对青梅产生爱意，但青梅对这位被放逐到琼州的王子不报以欢心。图帖睦尔心里感到沮丧，于是客游到定安县南雷峒。峒主王官知道他喜欢青梅之事后，便为之出三百金以聘青梅，图帖睦尔得偿所愿。

3年后，枢密院事燕铁木拥立图帖睦尔就帝位。图帖睦尔登基后（1330年），下诏天下，将琼州路军民安抚司改为乾宁军民安抚司，大兴土木，在府城营建普明寺，以酬答神对他的庇佑；并将海南定邑升格为南建州，封南雷峒主王官为世袭知州。将"多水河"改名为"万泉河"。同时，册封青梅为妃，迎她进京。但可惜青梅无缘当帝妃，抵浙江而卒。琼剧《青梅记》写的就是图帖睦尔与青梅的这段故事。

万泉河入海口 >

第三节　星罗密布的海岛

　　据1989年至2010年海南省海岛资源综合调查，海南省所辖海域共有海岛280个以上，不包括干出礁、暗礁、暗沙和暗滩。岛屿总面积（陆域）3209公顷（土地详查资料为3404公顷）。海南省海岛大致分布在三个海区，即海南岛（本岛周围）海区、西沙群岛海区和中沙、南沙群岛海区。

南海明珠　山川秀丽

一、海南岛周边岛屿

海南岛周边岛屿离海南岛距离较近，并以海南岛为依托呈环带状分布，最远的七洲列岛距离海南岛30公里左右，其余海岛离海南岛不超过6公里，有的还庇护在海南岛的岸线以内，退潮时可涉水相通。

据海岛资源综合调查，分布于海南岛周围海域的海岛（含礁和沙洲）222个，陆域总面积2248公顷。陆域面积大于100公顷的岛屿有6个，最大的是万宁的大洲岛，为440公顷。

七洲列岛位于海南岛东北方，在琼州海峡东口的南侧。其地理位置：北纬19°53′03″—19°58′54″，东经111°11′57″—110°16′08″。列岛由北峙、灯峙、狗卵脬、平峙、赤峙、南峙、双帆7个小岛组成。

七洲列岛均为岸石构成，各岛的东侧长期受风浪侵蚀，形成高达数十米的悬崖绝壁，西侧坡度稍缓，但徒手攀登也极困难。各岛地形极为崎岖。

< 灯峙岛

我爱海南

北峙，也称北士，在七洲列岛中最高大，海拔最高（146米），面积也最大（0.4平方公里），据说还是唯一有淡水的岛屿。七洲列岛远离大陆，海鸟筑巢于悬崖绝壁，多得不计其数，朝对万顷烟波，暮听海鸟嬉戏，数万年来，只靠双手摇帆推，人们很难驾船靠近它，所以古人曾感叹："欲求人迹渔舟入，待觅仙音鹤羽通。"山脚有一堆从山上滚下来的石头，形态各异，宛如能工巧匠所塑。岛山杂草丛生，灌木苍郁，有些树有碗口般大。岛上栖息着大群的海鸟，也有一些蛇及一种类似蛤蚧的爬行动物。

南峙也称南士，是七洲列岛中的第二大岛，面积0.35平方公里，它距陆地最近，约23公里。由6座起伏连绵的山峰组成，峰上少植被，西边有一个宽阔的斜坡，远远望去，小岛现出岩石风化后特有的苍褐色。

平峙山顶地势平坦，从东向西望去，山脊较平直，中间有一条裂纹拦腰跨过山脊，但没有影响脊背的平直，故称平峙。山体正中处似曾出现滑坡，明显有几块巨大的岩石曾从此滑进海底。平峙也叫鸟峙，岛上海鸟最多，但据资料上介绍，北峙才是鸟数最多的岛屿。谁是谁非，无法验证，只知道两座岛上的海鸟都多得无法计数。

∧ 双帆岛

南海明珠　山川秀丽

南端的双帆岛，由两个高大的岩石组成，中间隔开一条海道，四面都是褐色的石壁，高峻陡峭，壁顶铺满绿茵茵的野草及矮小的耐寒植物，其形状就像两只迎风鼓动的小帆，所以名为双帆岛。

南峙西约数千米，则有一小巧玲珑的岛屿，叫赤峙，也称赤士，实际是一个褐色的岩石，它长得最矮，海拔高度仅49.9米。赤峙东侧脚有一个洞，旁边有一小石仰望着它，它仅顶端披一小块绿纱，全身赤裸，周身的岩石坦露着赤褐色的光彩，故被称为赤峙。

灯峙也称灯士，自西向东，山势略略抬升，如一艘巨舰泊在海上，一任风起浪涌。南面有洞从岛中间穿过，可通小舟，从一面向另一面看去，对面的阳光透过洞口，就如点燃了一盏油灯，灯峙由此得名。

七洲列岛都是由坚硬的岩石构成的，周围地形复杂，离岸不远水深就可达15米以上，鱼种众多，是海南岛东部传统的主要渔场，称为七洲渔场，其中真鲷、金枪鱼、石斑鱼、乌贼、对虾、炮弹鱼、马鲛鱼等都很常见。

大洲岛，古称独猪岭，位于海南岛东部的万宁县境内，距海南岛岸线最近距离为5.8公里。其地理位置：北纬18° 40′ 00″，东经110° 28′ 57″。大洲岛岸线长13公里。该岛由两个几乎断裂的山岭组成，两岭对峙，之间由浅浅、白色细软的沙滩相连。

< 大洲岛

我爱海南

岛上由红色沙砾粘土和半风化岩石组成，地形崎岖，沿岸为峭壁悬崖，多洞穴，洞石呈同心圆形状，千奇百怪。峭崖上遍布天然裂逢、洞穴和葱郁的植被，僻静幽深，为金丝燕提供了栖息繁殖的良好场所。海中丰富的藻类、鱼类，是金丝燕的天然食料。每年3月、4月份是金丝燕的繁殖季节，它们在洞穴深处，吐唾筑巢，约30天完成，这巢就是名贵的"燕窝"。现金丝燕濒临灭绝（1991年经国务院批准，建立大洲岛金丝燕自然保护区。保护区管理处设于岛上）。该岛风化较严重，岭上多生长灌木和荆棘，极少有高大乔木，国家或省重点保护的珍稀濒危植物有海南苏铁、海南（小花）龙血树、海南大风子、野龙眼、野荔枝和毛茶等。

∧ 海南苏铁

岛的周围是大洲渔场，常有来自陵水、三亚、文昌、琼海及香港、台湾等地的渔船来此附近捕鱼并避风。

东洲岛位于牙笼湾口东南，西与西洲岛相对峙。其地理位置：北纬18° 11′ 07″，东经109° 41′ 44″。

该岛岸线长 2.8 公里，地形东高西低，东部沿岸为悬崖峭壁，北部有沙滩，可以停靠小船。南部和西部都为岩石岸。该岛距牙笼半岛最近距离为 1.35 公里。

东洲岛长 0.93 公里，宽约 0.45 公里，面积约为 0.42 平方公里，由花岗岩组成，表层土质为沙砾粘土。主峰上建有航标和灯塔。岛上遍生灌木丛和杂草，覆盖程度较高，无淡水。东洲岛周围海域盛产马鲛鱼、海参等水产品。

< 东洲岛灯塔

我爱海南

西洲岛位于牙笼湾口偏东,东与东洲岛相对峙。西北面有野猪岛。其地理位置:北纬18°11′04″,东经109°40′31″。

该岛岸线长2.0公里。地形为中间高,四周低,最高处为104.5米,岛的东、西、南岸均为石质海岸,南部海岸为悬崖峭壁。北岸有一条月牙形沙岸,可泊舟。

西洲岛长0.7公里,宽0.32公里,面积约为0.23平方公里,由花岗岩组成,表层为沙砾粘土。岛上生长有茂盛的灌木丛和杂草,覆盖程度较高。西洲岛周围海域盛产马鲛鱼、海参、鱿鱼等。

东、西玳瑁洲占地面积分别是1.3平方公里和2.6平方公里。东、西玳瑁洲有一个美丽的传说。很久以前,雷鸣电闪,大海潮水迅涨,淹没庄稼民房。一名勇士掀起两座大山,堵住了汹涌的海潮。年久日长,浪磨涛舔,留下淹不没磨不损的两个小洲。

东瑁洲岛又名东岛,位于三亚湾口,与西瑁洲岛东西并列,形如虎牙,同为榆林地区最重要的海上屏障。其地理位置:北纬18°13′01″,东经109°24′51″。

西瑁洲岛又名西岛,位于东瑁洲岛西方2.1海里处,属三亚市境内,其东距三亚港约7海里,北距马岭山脚约3海里,为三亚地区重要的海上屏障。其地理位置:北纬18°14′00″,东经109°22′11″。

西岛 >

此岛长 2.3 公里，宽 0.9 公里，面积约为 2.0 平方公里。其形态及地势都与东瑁洲岛相似。岛南部为小丘陵，制高点西瑁山（122.3 米）顶部较平坦，建有灯桩，东西两端各有一小高地相烘托。这些高地表层为黄色沙土质，厚 1 米以上，底层都为岩石构成。丘陵上长矮小灌木和杂草，有少量高 2 米以上的乔木。在灌木丛中有野生猴子。岛北部为平坦沙地，占全岛面积 70% 以上，近海岸为成片的仙人掌、野菠萝和小灌木。全岛水源丰富，平地挖下 0.5 ~ 1.5 米即可取得淡水。现岛上有 200 多户居民，有耕地 200 余亩，多种甘蔗、番薯及水稻，产量低。

西鼓岛，位于三亚市境内，东距东锣岛 3.5 公里，距海南岛岸线最近距离为 5.35 公里。其地理位置：北纬 18° 19′ 24″，东经 108° 57′ 07″。

西鼓岛长 0.37 公里，宽 0.15 公里，面积约为 0.056 平方公里，岛的基岩为砂砾岩，土壤为灰棕色燥红土类，土层较厚，约有 1 米左右。岛上植被生长茂密，以有刺灌木丛为主要植物，覆盖全岛面积的 60%。岛上长草，但量少，无高大乔木，植物一般低于 2 米。岛上生长的九里香是治疗胃病的良药。岛上无淡水。该岛上曾设有观察哨，在岛南部丘陵顶部建有灯塔一座。该岛周围沿海盛产马鲛鱼、海参等海产品。

<西鼓岛

我爱海南

二、西、南、中沙群岛

在海南岛的东面和东南面的广阔南海海域，星罗棋布地分布着许多岛屿、沙洲、暗沙、暗礁和暗滩，按其地理位置，分为东沙、西沙、中沙和南沙4个群岛以及中沙群岛以东的黄岩岛。在南海诸岛中，除东沙群岛属广东省管辖外，其余的均属海南省管辖。西、南、中沙群岛自古以来就是我国神圣领土不可分割的一部分。中华民族的优秀儿女自古以来就活动或居住在这些岛礁上，并利用开发各岛礁及其海域的丰富资源。

西沙群岛，古名"千里长沙"、"万里石塘"，位于海南省海南岛东南方海域，是我国通往新加坡、雅加达方向的海、空航线的必经之地。该群岛北起北礁，南迄先驱滩，东至西渡滩，西至中建岛，由宣德群岛、永乐群岛、中建岛、华光礁、盘石屿、玉琢礁、浪花礁、东岛、高尖石、北礁等30多个岛屿、沙洲、环礁以及西渡滩、海王滩、湛涵滩、滨湄滩、先驱滩等5个浅滩组成。岛屿总面积为10平方公里。其中，永兴岛面积最大，

从空中俯看西沙岛域 >

南海明珠　山川秀丽

约为 1.6 平方公里；石岛最高，为 16.1 米。永兴岛、北岛、东岛、珊瑚岛、金银岛、琛航岛、甘泉岛、中建岛、西沙洲等有淡水可供食用，甘泉岛、金银岛的水质较好。

西沙群岛位于热带中部，属热带季风气候，炎热湿润，但无酷暑。永兴岛年平均气温为 26℃，最热月为 5 月、6 月，约为 28.9℃，最冷月为 1 月，约为 22.9℃，最低气温为 15.3℃，热带作物可正常生长。

永兴岛、北岛、东岛、珊瑚礁、金银岛、琛航岛等都有人居住。其中永兴岛是西沙群岛文化、经济中心，驻有西沙群岛、南沙群岛、中沙群岛办事处，气象台，人民医院，邮电局等单位，还建有码头。

南沙群岛，又名团沙群岛，位于海南省海南岛东南 550 海里（榆林至太平岛）处，是我国最南方的群岛。该群岛由 235 个岛屿、礁、滩和暗沙组成，最大的太平岛面积为 0.432 平方公里，最高的南子岛海拔 3.9 米。南沙群岛东部多险礁和暗沙，较险恶，故又称"危险地带"。

中沙群岛，位于西沙群岛浪花礁的东方约 70 海里处，为一水下珊瑚环礁。黄岩岛是中沙群岛唯一露出海面的岛礁。

南海诸岛及其海域拥有丰富的自然资源。据海岛资源综合调查，在西沙群岛的 15 个重点调查的海岛中，陆域资源（土地资源）面积共 758.6 公顷，占 32 个海岛土地面积的 95.1%；滩涂面积（含石屿礁滩）7256.8 公顷。海域岛屿资源生物种类繁多，海洋生物资源尤为丰富。岛上的维管植物共有 80 科 211 属 296 种（含变种），鸟类 60 多种。矿产资源较贫乏，但以鸟粪资源较突出。

西沙、中沙、南沙群岛海域的自然资源很丰富，其中海洋油气资源为最重要的自然资源之一。据专家估算，南海主要盆地的油气资源潜在储量为天然气 580000 亿立方米、石油 292 亿吨。据测算，在南沙海域，我国传统海疆线内的面积约 2690 万公顷的海域石油资源量为 235 亿吨，天然气资源量为 8.3 万亿立方米。

我爱海南

七、古代"海上丝绸之路"必经地

中国是世界上发明养蚕、缫丝和纺织技术最早的国家之一，早在公元前 16 世纪的夏商之际，甲骨文中已有"蚕"、"茧"、"丝"3 个字，丝绸是我国驰名世界的产品。公元前 2 世纪的西汉初期，我国就开始发展同中亚、西亚、南亚以至欧洲罗马等国家和地区的贸易往来，除了从西北地区西出玉门关、阳关通西域的陆上"丝绸之路"外，还开辟了一条经过南海及南海诸岛，横穿马六甲海峡，到达东南亚、印度、波斯湾沿岸阿拉伯国家其至北非等地的海上通道，古称"通海夷道"，后世史学家称为"海上丝绸之路"。

公元前 140 年至 5 年，即汉武帝至汉平帝期间，西汉王朝已多次派使节乘坐中国制造的海船，经南海前往东南亚、印度洋沿岸进行国际交往和贸易活动。《汉书·地理志》中就有关于汉代开辟南海—印度洋航线的记载："自日南障塞、徐闻、合浦船行可五月，有都元国（今苏门答腊东北、马来半岛南部）；又船行可四月，有邑卢没国（今属缅甸）；又船行可二十余日，有湛离国；步行可十余日，有夫甘都卢国（与湛离国均处今伊洛瓦底江沿岸）。自夫甘都卢国船行可二月余，有黄支国（今属印度），民俗略与朱崖相类。其洲广大，户口多，多异物。自武帝以来皆献见。有译长，属黄门，与应募者俱入海，市明珠、璧、琉璃，奇石奇物，赍黄金杂缯而往所至。……自黄支船行可八月，到皮宗；船行可二月，至日南、象林界云。黄支之南有已程不国（今斯里兰卡），汉之译使，自此还矣。"这里所记的南海与印度洋的海上漫长航线，即历史上著名的汉代南海"丝绸之路"。由中国海运货物通过这条海道，在斯里兰卡中转，经印度接运而西行，辗转至欧洲、北非。而外国的物产，如罗马的玻璃器具，非洲的象牙、犀角，西亚的银器，南亚和东南亚的琥珀、玛瑙、珠玑、玳瑁、果品等异域珍品，

∧ 海上丝绸之路沉船遗迹

也通过这条"海上丝绸之路"运到中国[⋯]，再经陆路转运到汉朝的都城长安和各地。

东汉末年以后，中原战乱频繁，西北的陆上"丝绸之路"受阻。岭南相对稳定，南海上的"丝绸之路"在三国至南朝时期仍然得到发展。

唐朝国势强盛，海外贸易盛况空前，造船业更加发达，所造船舶规模大，船体坚固，设备完善，适宜远洋航行，刘恂《岭表录异》记载唐代广州还制造不用铁钉的"缝合船"。随着海外交通、贸易的扩展，南海和印度洋上商船往来络绎不绝。当时从广州启航，经西沙、南沙群岛至波斯湾、红海的海上"丝绸之路"极为红火，时称"广州通海夷道"，为当时世界上最长的远洋航线。

宋、元朝廷继承唐代传统，利用南海地理优势发展海外贸易。南宋进士周去非在其《岭外代答》一书中，对宋代"海上丝绸之路"西段南海—印度洋航线有较详细的记述。威尼斯人马可·波罗，虽于元世祖至元十二年（1275 年）由陆道来我国，但回国时则系取道"海上丝路"（1292 年），他写的《马可·波罗游记》，把我国情况介绍给西方。

明代，南海"通海夷道"更显繁荣，明成祖永乐三年到宣宗宣德八年

我爱海南

（1405—1433 年），太监郑和先后 7 次率领大船队（五六十艘）、2 万多人（各种专业人员和官校、士卒等），航行访问南海及印度洋沿岸 37 个国家和地区。

清朝，鉴于西方殖民主义者在我国沿海的骚扰和郑成功收复台湾事件，朝廷曾实行"闭关政策"，禁止外商到江苏、浙江、福建等地贸易。鸦片战争后，"海上丝绸之路"发生了根本变化，只见"洋船"，不见中国船。

第五节　海峡与海湾

一、琼州海峡

琼州海峡位于广东省雷州半岛和海南省海南岛之间。西接北部湾，东邻南海北部，跨越北纬 19° 52′—20° 16′，东经 109° 42′—110° 41′，即北起雷州半岛西端的灯楼角至南端的博赊角，南到海南岛的临高角至木栏头，东西总长 103.5 千米，最宽为 39.6 千米，最窄处仅 19.4 千米；海域面积约为 2370 平方千米，平均水深 44 米，最大深度为 114 米。

琼州海峡是我国的三大海峡之一，是连接海南岛与大陆的交通咽喉，也是北部湾与南海北部的最佳通道，其南岸有铺前、马村、海口等主要港口。

琼州海峡终年气候温暖，雨量充沛，台风频繁。海峡年平均气温为 24℃ 左右。琼州海峡太阳辐射强，故海水温度高，年平均表层水温为

25℃—27℃，琼州海峡海流受季风影响很大。冬季盛行东北风，海流由东北往西南流，其中东部表层流由东往西流，西部表层流由东北往西南流。琼州海峡海浪终年受季风控制，海浪以风浪为主，平均波高为 0.5—0.6 米，最大波高可达 4—7 米。

二、港湾

海南省共有大小港湾 78 处，现有的主要港湾是：海口港湾、洋浦港湾、三亚港湾、八所港湾、铺前港湾、清澜港湾、新村港湾、白马井港湾、新盈港湾、海口新港湾、马村港湾、乌场港湾、琊琅港湾、红牌港湾和博鳌港湾。众多的港湾是发展港口、沿海城市和海洋经济的优越自然条件。全省拥有自然条件优越的港湾锚地达 24 个，现在已开辟建设港口码头的有 16 处，拥有码头泊位 51 个。

第三章

热带宝地　物产丰饶

　　海南岛是中国最大的"热带宝地"，土地总面积344.2万公顷，占全国热带土地面积的约42.5%。海南的植被生长快，植物繁多，在4000多种植物资源中，药用植物2500多种，乔灌木2000多种，其中800多种经济价值较高；列为国家重点保护的特产与珍稀树木20多种；果树（包括野生果树）142种；芳香植物70多种。

∧ 南海的海洋资源

第一节 农作物资源

海南岛是中国最大的"热带宝地"，土地总面积 344.2 万公顷，约占全国热带土地面积的 42.5%。由于光、热、水等条件好，生物生长繁殖速率比温带和亚热带为优。农田终年可以种植，不少作物年可收获 2—3 次。

海南岛的土地资源按适宜性可划分为七种类型：宜农地、宜胶地、宜热作地、宜林地、宜牧地、水面地和其他地。

粮食作物是海南种植业中面积最大、分布最广的作物，主要有水稻、旱稻、山兰坡稻、小麦，其次是番薯、木薯、芋头、玉米、高粱、粟、豆等。

橡胶 >

热带宝地　物产丰饶

经济作物主要有甘蔗、麻类、花生、芝麻、茶等。水果种类繁多，栽培和野生果类共 29 科 53 属。形成商品的水果主要有菠萝、荔枝、龙眼、香蕉、大蕉、柑桔、芒果、西瓜、杨桃、菠萝蜜等。蔬菜有 120 多种。反季节瓜菜是海南农业的一大优势。热带作物资源丰富。目前，栽培面积较大、经济价值较高的热带作物主要有：橡胶、椰子、槟榔、胡椒、剑麻、香茅、腰果、可可等。

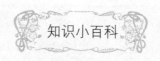

知识小百科

海南省国营南田农场

南田农场创建于 1952 年，是以种植橡胶为主的大型国有农场，土地总面积近 20 万亩，总人口近 3 万人。经过十几年的改革发展，南田从特困企业转变为全国示范企业，成为海南农垦乃至全国农垦的一面旗帜。现有芒果面积 4.5 万亩，芒果种植户 3821 户，2000 年、2003 年南田"神泉"牌系列芒果的台农一号芒果和贵妃芒果先后被世界粮农组织和中国果菜大赛组委会评为"中国果王"和"中国果后"。

第二节 植物资源

海南是热带雨林、热带季雨林的原生地。到目前为止，共有维管植物 4000 多种，约占全国总数的七分之一，其中 630 多种为海南所特有。世界热带的 80 个科显花植物属种最多的第一类 17 科，在海南均有发现。在 4600 多种植物资源中，药用植物 2500 多种；乔灌木 2000 多种，其中 800

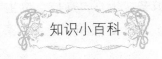

知识小百科

海南黄花梨

　　黄花梨是海南特有的珍贵树种，分布于海南岛低海拔的丘陵地区或平原、台地。花梨木心材红褐色或紫红褐色，久则变为暗红色，常含有深褐色条纹，有光泽，具香气。木材纹理交错，自然成形，花纹美观。用花梨木制作出来的家具简洁明快、富丽堂皇，且色泽深沉华美，典雅尊贵，坚久耐用，百年不腐。花梨木家具还能长久地散发出清幽的木香之气，有提神避邪之说法。

海南花梨木家具 >

多种经济价值较高，列为国家重点保护的特产与珍稀树木 20 多种；果树（包括野生）142 种；芳香植物 70 多种；热带观赏花卉及园林绿化美化树木 2000 多种。海南热带森林以生产珍贵的热带木材而闻名全国，在 1400 多种针阔叶树种中，乔木达 800 种，其中 458 种被列为国家的商品材，属于特类木材的有花梨、坡垒、子京、荔枝、母生等；一类材 34 种，二类材 48 种，三类材 119 种；适于造船和制造名贵家具的高级木材有 85 种，珍稀树种 45 种。

第三节　动物资源

海南陆生脊椎动物有 500 多种，其中，两栖类 37 种（11 种仅见于海南，8 种列为国家特产动物）；爬行类 104 种；鸟类 344 种；哺乳类 82 种（21 种为海南特有）。世界上罕见的珍贵动物有：黑冠长臂猿和坡鹿。水鹿、猕猴、云豹等亦很珍贵。

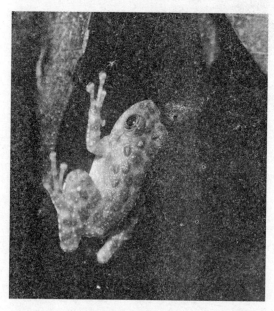

< 海南湍蛙

我爱海南

知识小百科

黑冠长臂猿

黑冠长臂猿因臂特别长而得名。直立高不过0.9米；腿短，手掌比脚掌长，手指关节长；身体纤细，善鸣叫，栖息于热带雨林和亚热带季雨林，速度极快，能在空中只手抓住飞鸟。现已濒于灭绝。

黑冠长臂猿 >

第四节　海洋资源

海南省周围海域辽阔，热带海洋资源丰富，其数量居全国之首。它具有渔场广、品种多、生长快和渔汛长的优势，是发展热带水产的理想海域，南海是我国四大领海中面积最大、物种最丰富的热带海域，热带海洋生物多样性突出。南海鱼虾贝蟹3000多种，很多具有极高的经济价值。特别

< 海胆

是马鲛鱼、石斑鱼、金枪鱼、乌鲳鱼和银鲳鱼等，产量很高，是远海捕捞的主要品种。南海是我国的传统渔场，昌化、清澜、三亚、北部湾是海南的四大渔场。此外，广阔的浅海滩涂又是养殖鱼、虾、蟹、贝、藻、珍珠等 20 多种海产品的良好基地，全省已建立许多海水养殖场地，海产品源源不断地供应市场。

　　资料显示，南海已知鱼类种数为东海的 1.4 倍，为黄海、渤海的 3.56 倍。仅南海北部大陆架的鱼类就有 1027 种，远高于东海的 727 种和黄海的 289

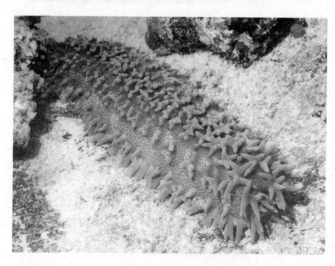

< 梅花参

种；而在南海大陆斜坡和南海诸岛海域也分别记录了 205 种和 523 种鱼类。全国海域的头足类为 92 种，南海北部有记录的就有 73 种。光是南海北部，就有对虾 100 多种。

第五节 南药资源

海南动植物药材资源丰富，素有"天然药库"之称。4000 多种植物中可入药的约有 2000 种，占全国的 40％，药典收载的有 500 种，经过筛选的抗癌植物有 137 种、南药 30 多种，最著名的是四大南药：槟榔、益智、砂仁、巴戟。动物药材和海产药材资源有鹿茸、猴膏、牛黄、穿山甲、玳瑁、海龙、海马、海蛇、琥珀、珍珠、海参、珊瑚、蛤壳、牡蛎、石决明、鱼翅、海龟板等近 50 种。

槟榔 >

热带宝地 物产丰饶

第六节 海盐资源

南海是我国四大边缘海中面积最广、平均水深最大的海区，总面积约为渤海、黄海、东海面积总和的3倍，体积是上述三大海区体积总和的14倍。南海海水资源取之不尽，用之不竭，被称为"液体矿"，含有数量巨大的淡水资源、海盐资源和各种珍贵的化学元素，是大自然赐予海南省的天然资源宝库和新兴的多目的多用途的开发领域。

海南岛是我国南方理想的天然盐场，沿海港湾滩涂多，许多地方都可晒盐。尤其是海南岛的西南部和南部，这里海滩平坦，终年炎热，阳光充足，风力较大，降雨量少，蒸发量大，冬春季又干燥，晒盐条件良好，适建盐田面积共约60平方千米，已有晒盐生产面积43.88平方千米。

海南制盐生产历史悠久，具有一定生产规模的滩晒海盐，迄今已有100多年的历史。全省现有大小盐场共19家，分布在乐东县、东方县、儋县、临高县、琼山县、文昌县、陵水县、三亚市等沿海市县，其中莺歌海、东方和榆亚3个盐场为省属盐场，都是海南盐业生产的主要盐场。

< 莺歌海盐场

我爱海南

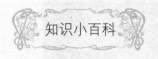

珍贵的海盐

海水所含的盐类中，最重要的是氯化钠，也就是每餐都有的食盐，它占海水中所有盐类的78%。海水中另外一种含量比较大的成分就是氯化镁，工业上所需的镁多是从海水中提取的。镁是制造火箭、飞机和汽车的一种重要金属。除了氯化钠和氯化镁，海水中还有80多种化学元素。目前，人们已经可以从海水中提取钾、碘、铀等多种元素。

第七节　矿产资源

海南的矿产资源十分丰富，已发现90多种矿产，已探明具有工业储量的矿种达67种，产地122处，平均每万平方千米36处，高于全国的平均密度。在已探明储量的67种矿产中，主要矿产有：铁、钛、铅、锌、锆英石、铜、钴、锡、锑、金、锰、铀、汞、水晶、磷、云母、石墨、重晶石、石英砂、独居石等。

其中，铁矿、滨海砂矿等的开发价值较大。

位于昌江县的石碌铁矿（亦称海南铁矿）是我国闻名的大型富铁矿，储量约4亿吨，占全国富铁矿储量的71%，主要为赤铁矿，平均品位51%，最高品位可达68%，居全国首位。该矿山具有矿体集中、埋藏浅、水文地质条件简单、利于露天开采等优越条件，是我国罕见的优质矿山。

在海南岛东部沿海300千米长的地带，有丰富的滨海砂矿，其中已

< 金红石

探明具有一定开发利用价值的矿产 57 种（若按工业用途可分为 65 种）；探明有各级储量规模的矿床 126 个（含大型地下水源地 6 处），其中大型矿床 31 个，中型矿床 31 个，小型矿床 64 个。在国内占有重要位置的优势矿产主要有玻璃石英砂、天然气、钛铁砂、锆英石、蓝宝石、水晶、三水型铝土、油页岩、化肥灰岩、沸石等十多种。其中钛矿储量占全国的 70%，锆英石储量占全国的 60%。在这些砂矿中还伴生有稀土矿物独居石、金红石、金、铂、钴等。其中，钴矿储量约占全国的 60%。

第八节　能源资源

　　海南省的能源资源丰富，主要包括水力资源、太阳能资源、风能、地热资源、石油和天然气资源。

一、水力资源

海南岛大小河流水能理论蕴藏量约 100 万千瓦，可供开发的约 65 万千瓦，年发电量约 26 亿度。地下水资源储量约 75 亿立方米，占总水资源的 20% 左右，其中理论可开发利用 25.3 亿立方米。

二、风能

2007 年发布的《海南省风能资源评价报告》表明海南陆地风能资源总储量为 828 万千瓦。海南岛西部沿海的东方感城镇沿海岸线至昌江海尾镇为风能资源极其丰富区，面积约 300 平方公里；东北部风速要比西部沿海地区小些，为风能资源丰富区，面积约 300 平方公里；从海尾镇沿海岸线至临高马袅，为风能资源较丰富区，面积约 400 平方公里。此外，海南近海风能资源储备量也非常丰富。

三、地热资源

海南省目前已发现 31 处裂隙型带状地热田，已初具开发规模的有 9 处，开采量为 5700 立方米／天，约占资源总量的 12%。根据海南省政府出台的《海南省地热资源勘查开发利用规划》，将全省地热资源划分了 5 个各具特色的地热资源开发利用区、20 个地热资源规划分区。其中，一类鼓励开采规划区 10 个，包括文昌官新热矿水、儋州兰洋热矿水、琼海官塘热矿水开采规划区等；二类允许开采规划区 8 个；三类限制开采规划区两个，

热带宝地 物产丰饶

即海口市西海岸—海甸岛热矿水开采规划区和万宁市兴隆热矿水开采规划区。

四、石油和天然气资源

经地质普查勘探证实海南有丰富的石油、天然气资源，先后圈定了北部湾、莺歌海、琼东南3个大型沉积盆地，总面积约12万平方公里。其中，对油气勘探有利的远景面积约6万平方公里。已发现存油气的盆地有莺歌海盆地、琼东南盆地、北部湾盆地、礼乐滩盆地和曾母暗沙盆地。根据油气地质条件和经济技术条件评价其远景，莺歌海盆地和琼东南盆地为1级，北部湾盆地为2级。

知识小百科

莺歌海油气盆地

莺歌海盆地是南海北部大陆架的一个新生代沉积盆地，位于海南岛西南海域，面积约为5859平方千米，水深大部分小于100米，沉积厚度达9000米左右。发现在莺歌海西南海面上的油气苗至今已有100多年，油气苗共40多处，分布范围达10平方千米。

< 莺歌海油气盆地

我爱海南

第四章

琼州故地　历史悠远

　　海南岛属于大陆岛，有着悠久的历史。至少在50万年以前，琼州海峡断层下陷，海南岛才从雷州半岛分离出来。因地处南天，孤悬海中，从宋代以来，人们称之为海南岛。儋耳，是海南岛最古老的名字。在汉朝，因为海南"郡在大海之中，崖岸之边出珍珠，故称珠崖"。到唐朝，则因境内"土石俱白如玉而润"被称之琼山。

∧ 海南琼台书院

第一节　海南岛的历史变迁

　　海南的上古文明历史可追溯到旧石器时代早期。最早的人类活动遗址为三亚市落笔洞古人类文化遗址、石贡遗址、东方市的付龙园遗址和文昌市凤鸣村遗址等。在以上遗址发现了大量的石器和陶器残片，说明海南岛在石器时代就有了人类活动。

落笔洞 >

一、先秦时代

尧与舜的时代，海南岛为南交之地，夏、商、周三代，为扬越之南裔。

在距今 3000 年前（相当于历史上的商周时期），海南岛的原始居民因自然条件的变化，陆续迁移到平原、台地、河岸和海湾地带生活，从事原始农业、手工业、狩猎、捕鱼和采集活动，开创了海南岛的文明。

二、秦汉时代

秦朝以前的岭南地区，包括现在的香港、澳门、海南、广东、广西及贵州、福建南部，散居着众多的越族部落，被称为"百越之地"。越即粤，古代粤、越通用，亦指百越居住的地方，也叫"百粤"、"诸越"。秦汉时，相关史籍则泛称中国南方的民族为"越族"，史称"北方胡、南方越"。秦朝以前，这里还是处于部落林立、刀耕火种的原始社会状态。部落之间经常争斗、残杀。

秦始皇平灭六国后，于公元前 218 年，命大将屠睢、赵佗等人率领 50 万大军南攻百越。主将屠睢强攻冒进，残酷征杀，激起越人反抗，秦军遭到沉重打击，屠睢也死在越人的刀枪之下，秦皇 50 万大军竟然"三年未能越岭"。秦始皇重新任命赵佗统军。赵佗一反屠睢的进军方针，弃残杀为亲和，"和辑百越"，团结越族部落头人、酋长，逐步得到越人的拥戴。秦始皇三十三年（前 214 年）统一了百越之地，在岭南地区设置桂林郡、南海郡和象郡，建立了秦朝地方政权。赵佗又向秦皇建议，从中原地区向岭南移民 50 万人，与越族民众混居杂处。从此，"西涉流沙，南尽北户（夏季门窗向北为朝阳面，这里指赤道附近），东有东海"，皆归入秦朝版图。其地域包括现在的越南、海南、香港、澳门等地。此时，海南岛实为象郡之外徼。

知识小百科

南海郡

　　南海郡，从秦朝至唐朝的行政区划名，治所在今广东省。南海郡下辖四县（番禺、四会、博罗、龙川），另一说为六县（番禺、四会、博罗、龙川、浈江、揭阳），郡治在番禺（即今广州），主体范围在今广东、海南和广西东南部。

　　秦汉之交，中原战乱，秦龙川令赵佗统一了桂林郡、南海郡和象郡，自立为南越王。南越王国势力和影响遍及海南岛。

　　象郡是秦朝的郡级行政区。近现代有关象郡位置素有争议：一说是在今日广西与广东雷州半岛，面积达 10 万平方公里以上；一说则指象郡包含了越南境内的北圻和中圻，面积广达 30 万平方公里以上。

　　秦末汉初原始社会开始瓦解，先从岛的北部开始，逐渐向东部、南部沿海及内地山区推移，延续时间很长。五指山少数民族地区在清末民初还保留着原始社会的残余。

　　西汉武帝元鼎六年（前 111 年），伏波将军路博德、楼船将军杨仆等率师平定南越之乱。元封元年（前 110 年），路博德攻下海南岛，设置珠崖郡（治今海南琼山）、儋耳郡。设立珠崖、儋耳两郡之初，海南岛北部已出现了男耕女织的生产局面。人们过着以农业为主、以畜牧业和狩猎业为辅的经济生活，进入了铁器、木器、骨器并用时期。元帝初元三年（前 46）春又罢珠崖郡，下诏放弃珠崖郡，设置朱卢县，隶属交州合浦郡。

　　东汉建武十九年(43 年)，伏波将军马援平定交趾，往来南海，抚定珠崖，复置珠崖县，属合浦郡，而省朱卢县。东汉明帝永平十年丁卯（67 年）又复置儋耳县，珠崖、儋耳 2 县均隶属于合浦郡，督于交州。加强了东汉王朝与海南先民的联系。

中国人在汉代便发现了南沙群岛，此在东汉杨孚《异物志》、三国时万震的《南州异物志》、东吴将领康泰的《扶南传》等书中均有记载。越南方面一直认为《异物志》等书曾记载美人鱼等的光怪陆离之事，其可靠性令人质疑。

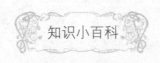

知识小百科

《异物志》

《异物志》是汉唐时期一类特殊的典籍，主要记载当时周边地区及国家的物产风俗，内容涉及自然环境、资源物产、社会生产、历史传说、风俗文化等许多方面。从汉到唐，至少有22种以上以《异物志》命名的著作出现。《异物志》这类著作初现于汉末，繁盛于魏晋南北朝，至唐开始衰变，宋以后退出历史舞台。

三、魏晋南北朝

三国时期，吴赤乌年间（238—251 年）在雷州半岛设立珠崖郡（治今广东徐闻），领徐闻、朱卢、珠官 3 县，属高州管辖，对海南岛实行"遥领"。

晋武帝太康元年（280 年），省珠崖郡，并入合浦郡。朱卢改为玳瑁。合浦郡领合浦、南平、荡昌、徐闻、玳瑁、珠官 6 县。属交州。不久废珠官县。

南朝，宋文帝元嘉八年（431 年）复立珠崖郡，治徐闻，不久又废。以珠官、朱卢属越州。南朝梁武帝大同（535—546 年）中，在废儋耳郡的地方设置崖州，统于广州。《北史》和《隋书》均载"海南儋耳归附者千余峒"，是为"海南"一词的最早记载。崖州设置，此事意义重大。从汉元帝罢撤珠崖郡之后，历代州郡治所均设在大陆，对海南地区只是"遥领"而已。至南朝梁时，始在海南本土设置崖州，有效地管辖海南岛全境。

知识小百科

《北史》是汇合并删节记载北朝历史的《魏书》、《北齐书》、《周书》而编成的纪传体史书。魏本纪5卷、齐本纪3卷、周本纪2卷、隋本纪2卷、列传88卷，共100卷。记述从北魏登国元年（386）到隋义宁二年（618）的历史。

四、隋唐五代

隋初，岭南数郡共奉高凉（今广东阳江西）冼夫人为主，保境拒守。隋派使臣安抚岭南，杨广亦命陈叔宝致书冼夫人，劝其归隋。冼夫人以其孙率众迎接隋使，岭南诸州（包括海南岛）悉为隋地。至此，结束了永嘉之乱以来280余年南北分裂的局面，完成了隋文帝统一南北的大业。

唐贞观五年（631年）增设琼州，海南简称"琼"即源于此。西沙群岛上有一处唐时期石碑遗址，表明中国人自唐以来就开始在西沙群岛生活。唐末诸藩崛起，南汉国在岭南立国。海南省直辖于南汉朝廷。宋太祖开宝四年平南汉，废其建制。

唐以前海南岛海外贸易已频繁，《隋书·地理志下》卷三一在论及海南时写道："所处近海，多犀象玳瑁珠玑，奇异珍玮，故商贾至者，多取富焉。"到了唐代，海南岛手工编织业已相当发达，《唐大和上东征传》载："男着木笠，女着布絮。"唐段公路《北户录》卷三载："琼州出五色藤合子、书囊之类，细于锦绮，亦藤工之妙手也。"

五、宋辽金元

宋朝，海南岛与今广西壮族自治区的大部分一起属于广南西路。

宋代，海南岛社会相对稳定，宋王朝采取了"一切抚绥之计"，大量任用黎族峒首管理黎峒，使黎、汉民族间的交往日益频繁，社会经济得到了较为全面的发展。

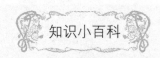

知识小百科

元代美榔双塔

美榔双塔系元代古塔，俗称"姐妹塔"。位于海南省澄迈县美亭乡美榔村东南面。据《正德琼台志》载，元代人陈道叙有二女，长女出嫁，次女出家为尼。他为了纪念二女而建此塔。塔高17米，一座为平面呈六角形长层，现存六层，仿木结构阁楼式。美榔双塔是海南现存的为数不多的古塔之一，它不仅为研究海南古代文明发展和建筑艺术提供直接依据，而且也具有较大的旅游观赏价值。

<元代美榔双塔

宋以来，中沙群岛被称为千里长沙。1279 年，元世祖接受著名天文学家郭守敬的建议，派监候官 14 人分道而出，在 27 个地方进行了天文观测，这就是历史上有名的"四海测验"。郭守敬根据"四海测验"的结果编制成了新历法——《授时历》，其测量结果在《元史·天文志》中有详细记载。郭守敬进行"四海测验"时在南海的测量点就是今海南省南海中的黄岩岛。

元朝，岭南地区和海南岛没有单独设置一级行政区划，而是将原宋朝广南东路辖区归江西行省管辖；原广南西路划归湖广行省管辖，今海南省和广东省雷州半岛都归湖广行省管辖。《元史·地理志》和《元代疆域图叙》记载元代疆域包括了南沙群岛。《元史》还记载了元朝海军巡辖了南沙群岛。

元代，中央王朝加强了对黎族地区的统治，使封建统治势力影响到了五指山腹地，客观上进一步促进了黎族地区社会经济的发展。稻作物的广为栽种，是元代海南农业发展的一大特点。元代海南棉纺织业继续得到发展，所产的"吉布"已行销我国北部地区。

六、明清时期

明朝初期，广西壮、黎、瑶三个民族反明起义猛烈，明朝皇帝朱元璋采用分而治之的办法，把黎族聚居的海南及广西门户钦、廉州划归广东。明太祖洪武元年（1368）三月，明军挥师南征，至六月，元朝海南海北道和海南分府元帅归降。同年十月，海南岛改乾宁安抚司为琼州府，并改吉阳军为崖州，南宁军为儋州，万安军为万州，3 州隶于琼州府，仍属广西。不久又将南建州改为定安县。洪武二年六月，海南州府改隶于广东省。从此，海南岛归广东省管辖。

洪武九年，海南岛属广东布政使司海南道。当时领县情况是：琼州府领琼山、澄迈、临高、定安、文昌、乐会、会同7县；儋州领宜伦、昌化2县；万州领万宁、陵水2县；崖州领宁远、感恩2县。海南岛1府3州13县。正统四年（1439年）六月，儋州附郭（州治所在地）宜伦县并入儋州，崖州附郭宁远县并入崖州，万州附郭万宁县并入万州。也就是说，州治所在地的县归并入州，其地由州直接治理，以免机构重叠。琼州府领3州10县，并成了明代的定制。明代南海诸岛改归崖州管辖。明代还把"归附"的黎族编入图、都、乡等基层组织，隶于州县，和汉人一样纳粮当差。明代《海南卫指挥佥事柴公墓志铭》中的记载表明南沙群岛属于明代版图，明代海南卫巡辖了西沙、中沙和南沙群岛。在清代，中国政府将南沙群岛标绘在权威性地图上，对南沙群岛行使行政管辖。

明代，在巩固元代发展的基础上经济得到了进一步的发展，即稻作农业的面积继续扩大，稻谷产量不断提高；海南岛与内地的商贸活动无论在规模上或数量上都有了空前发展；棉纺织业仍保持强劲的发展势头；武器制造业盛行。

清朝基本沿袭明制，于海南设置琼崖道。下属：琼州府（治今海口市），领1州8县：琼山（治今海口市）、澄迈（治今澄迈县东北）、定安（治今定安县）、文昌（治今文昌市）、会同（治今琼海市东北）、乐会（治今琼海市东南）、临高（治今临高县）、儋州（治今儋州市西北）。崖州直隶州（治今三亚市西北），崖州归隶琼州府，光绪三十一年（1905年）升为直隶州。领4县：感恩（治今东方市南）、昌化（治今昌江黎族自治县西）、陵水（治今陵水黎族自治县）、万州（治今万宁市）。万州光绪三十一年降州为县。清代在海南设府，辖3州10县，故史称"十三州县"。清末改设1府，1直隶州，1州，11县。1724年的《清直省分图》之《天下总舆图》、1755年《皇清各直省分图》之《天下总舆图》、1767年《大清万年一统天下全图》、1810年《大清万年一统地量全图》和1817年《大清一统天下全图》等许多地图均将南沙群岛列入中国版图。

清代社会经济的发展与明代相比又前进了一大步，水稻耕种已相当普遍，人们已普遍重视水利灌溉，粮食产量得到提高；铁制农具大量输入，社会生产力得到了进一步的发展。民族间的贸易呈现繁荣景象。

七、近现代

1916 年 10 月，龙济光被滇桂护国军和广东民军击败，退守海南岛，管治直至 1918 年。桂系军阀沈鸿英（1919—1920 年）和滇系部将李根源（1920 年）先后统治海南岛。1921 年 1 月，邓本殷率部队打败旧桂系的琼崖驻军团长何福昌，进占海南岛，直至 1926 年 1 月被国民革命军接管海南，设立特别行政区，直隶国民政府。

民国时期，海南地区的社会经济生活显得复杂多样。有黎族合亩制地区的经济生活和合亩制地区以外的黎族地区的经济生活。"合亩制"是具有原始社会父系家族公社特征的社会组织。"合亩"是汉语的意译，黎语称"纹茂"，意即家族或氏族，一般叫做"翁统打"，意为"合伙共耕田地"。此外，中国共产党领导下的涉及黎族地区的土地革命、抗日战争时期的社会经济活动、解放战争时期的社会经济活动也是海南社会经济生活的一个重要组成部分。

中华人民共和国建立后，海南岛的建置为行政区，管辖海南黎族苗族自治州并直辖北部的海口、琼山、文昌、临高、澄迈、琼海、屯昌、儋县、万宁、定安 9 县 1 市。设西沙、南沙、中沙群岛办事处，（简称西、南、中沙群岛办事处、西沙办事处或西沙办），负责行使西沙群岛、南沙群岛和中沙群岛及其周边海域的主权与管辖权。1988 年海南建省，至 2012 年初，全省有 2 个地级市，6 个县级市，4 个县，6 个民族自治县，1 个经济发开发区，1 个办事处（西南中沙群岛办事处，县级），基层设置 183 个镇，21 个乡。2012 年 6 月 21 日，中华人民共和国国务院正式批准撤销县级西沙、中沙、南沙群岛办事处，设立地级三沙市。

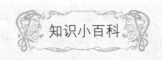

知识小百科

三沙市的设立

　　三沙市是中国海南省辖三个地级市之一，位于南中国海，为中国地理纬度位置最南端的城市，也是全国第二个由群岛组成的地级市。三沙全市涉及岛屿面积13平方千米，海域面积200多万平方千米，下辖西沙群岛、中沙群岛、南沙群岛的岛礁及其海域，是中国陆地面积最小、总面积最大、人口最少的城市。三沙市人民政府驻西沙永兴岛。永兴岛是西沙群岛同时也是整个南海诸岛中最大的岛屿。

　　三沙市的设立，标志着中国继浙江省舟山市之后，出现了第二个地级的群岛城市（同时也是中国第一个以系列群岛设立的群岛城市），它也是中国目前地理纬度位置最南端的城市。同时也意味着中国在对南中国海各大群岛、岛礁有关领海的控制迈出了重要一步，标志着中国对南中国海及其附属岛屿、岛礁及有关领海在法理上的控制有了更为有利的根本依据。

< 西沙群岛

我爱海南

第二节　南海及岛屿的历史遗迹

一、建筑遗址

最迟从唐代起，海南岛渔民就开始在南海诸岛上定居，建有住宅和神庙。住宅是他们的栖身之所，神庙是他们的精神寄托。考古发现甘泉岛上一处唐宋时代的居住遗址，出土大量的铁锅碎片、烧煮食物的炭粒灰烬、瓷器和陶器碎片、铁刀和铁凿残片，还有吃剩的鸟骨和螺蚌壳。明代海南学者王佐《琼台外纪》说："（万）州东长沙、石塘，环海之地，每遇铁飓挟潮，漫屋潦田。"《西沙岛东沙岛成案汇编》（陈天锡编纂）中也有

历经沧桑的海南文昌老街骑楼 >

文字记载我国渔民在群岛上居住，并建造房屋、祠堂、神庙及所花费银两等情况。古代海南渔民还在不少岛洲上种植椰子树及其他农作物。

宋代以来，东南沿海渔民开始信奉海上保护神"妈祖"（海南人称"婆祖"，又称"天妃"、"天后"）；至明代航海家郑和七下西洋行程中出现"天妃护航"传说后，我国船民、渔民逐渐在南海诸岛上立庙或在船上设立神位祭祀。在永兴岛、石岛、东岛、赵述岛、南岛、北岛、晋卿岛、琛航岛、广金岛、珊瑚岛、甘泉岛等处，还有明清两代遗存的小庙14座。有些神庙还保存有神像、佛像，如琛航岛上的"娘娘庙"中供奉的瓷观音像；北岛的小庙中供有木制的神主牌；永兴岛孤魂庙里拜祭的神位等。

二、神庙传说

妈祖，父林愿（惟愨），宋初官任都巡检。在她出生之前，父母已生过五个女儿，十分盼望再生一个儿子，因而朝夕焚香祝天，祈求早赐麟儿，可是这一胎又是一个女婴，父母大失所望。就在这个女婴将要出生前的那个傍晚，邻里乡亲看见流星化为一道红光从西北天空射来，晶莹夺目，照耀得岛屿上的岩石都发红了。所以，父母感到这个女婴必非等闲之女，也就特别疼爱。因为她出生至弥月间都不啼哭，便给她取名林默，父母又称她为林默娘、默娘。林默幼年时就比其他姐妹聪明颖悟，8岁从塾师启蒙读书，不但能过目成诵，而且能理解文字的义旨。长大后，她决心终生以行善济人为事，矢志不嫁，父母顺从她的意愿。她专心致志地做慈善公益的事业，平素精研医理，为人治病，教人防疫消灾，人们都感颂她。她性情和顺，热心助人。只要能为乡亲排难解纷，她都乐意去做，还经常引导人们避凶趋吉。人们遇到困难，也都愿意跟她商量，请她帮助。

生长在大海之滨的林默，还洞晓天文气象，熟习水性。湄洲岛与大陆之间的海峡有不少礁石，在这海域里遇难的渔舟、商船，常得到林默的救助，

我爱海南

妈祖庙 >

因而人们传说她能"乘席渡海"。她还会预测天气变化，事前告知船户可否出航，所以又传说她能"预知休咎事"，称她为"神女"、"龙女"。

宋太宗雍熙四年九月初九，是年仅28岁的林默与世长辞之日。这一天，湄洲岛上群众纷纷传说，他们看见湄峰山上有朵彩云冉冉升起，又恍惚听见空中有一阵阵悦耳的音乐……

从此以后，航海的人又传说常见林默身着红装飞翔在海上，救助遇难呼救的人。因此，海船上就逐渐地普遍供奉妈祖神像，以祈求航行平安顺利。

妈祖一生在大海中奔驰，救急扶危，在惊涛骇浪中拯救过许多渔舟商船；她立志不嫁慈悲为怀，专以行善济世为己任。历代都对妈祖进行赐封，北宋、南宋、元、明、清几个朝代都对妈祖多次褒封，封号从"夫人"、"天妃"、"天后"到"天上圣母"，并列入国家祀典。

第三节　古代贬官流放之所

海南地处边陲，古时地方荒僻，历代封建统治者把它作为远贬"罪臣"的流放地。从唐朝起不少官僚名士被奸臣陷害，曾被流放到崖州城来。单是副宰相以上的大官重臣就有14人之多，如唐朝的韦执谊、唐瑗；宋朝的丁谓、赵鼎、卢多逊、胡铨，元朝的王仕熙，明朝的王倬、赵谦等。

一、杨炎

唐德宗时任宰相的杨炎，建中二年（781年）被贬为崖州司马。诏书下达后，杨炎踏上了流放的路途，途经鬼门关，他似乎已预感到前景不妙，写诗感叹："一去一万里，千之千不还。崖州何处是，生度鬼门关。"在走到离崖州百里的地方，德宗又下诏赐死，终年55岁。

知识小百科

"鬼门关"

古关名，又称"阴阳道"，明宣德中改名天门关。在今广西北流市城西，有两峰对峙，其间阔30步，俗称鬼门关。古代为通往钦、廉、雷、琼和交趾的交通冲要，因其地瘴疬尤多，去者罕有生还。谚云："鬼门关，十人去，九不还。"故名"鬼门关"。

我爱海南

二、李德裕

　　李德裕（787—850 年），唐朝中期著名政治家、诗人；字文饶，真定赞皇（今河北省赞皇县）人，宰相李吉甫之子。幼有壮志，苦心力学，精通《汉书》、《左氏春秋》。历任校书郎、翰林学士、御史中丞、浙西观察使、礼部尚书、兵部侍郎、节度使、兵部尚书等。穆宗即位之初，皇上重要诏书多出其手笔。大和七年（833 年），拜为中书门下平章事（宰相），次年出任节度使等职。武宗（841—846 年）时，再任宰相，其主政期间，重视边防，力主削弱藩镇，巩固中央集权，使晚唐内忧外患的局面得到暂时的安定。

　　844 年，辅佐武宗讨伐擅袭泽潞节度使位的刘稹，平定泽、涟等五州。功成，加太尉赐封卫国公；李德裕长期与李宗闵及牛僧孺为首的朋党斗争，后人称为"牛李党争"，延续 40 年。牛李党争最早可上溯唐宪宗时文饶

李德裕 >

琼州故地　历史悠远

父吉甫与牛等的矛盾，纵观史实，文饶执政功勋卓著，威震天下；牛党执政，无所作为，国势日弱，武宗即位后信用文饶，一扫朋党，内平河北藩镇，强藩辣手；外击破回纥，威震土蕃、南诏；唐室几竟中兴。宣宗即位，牛党得势，李德裕被罢相，初贬至荆南，次贬潮州；大中二年（848年）再贬崖州（治所在今海南省琼山区大林乡附近）司户，次年正月抵达。大中三年（849年）十二月，李德裕卒于贬所，终年63岁。李德裕逝后10年被追封为太子少保、卫国公，赠尚书左仆射。

李德裕在琼期间，著书立说，作《穷愁志》数十篇，又有《次柳氏旧闻》、《会昌一品集》行世。他奖善嫉恶，备受海南人民敬仰。其代表诗作《登崖州城作》："独上高楼望帝京，鸟飞犹用半年程。青山似欲留人住，百匝千遭绕郡城。"

三 苏轼

苏轼（1037—1101年），字子瞻，号东坡居士，北宋眉州眉山（今四川省乐山市眉山县）人。北宋嘉祐二年（1057年）考中进士。六年，授大理评事，签书凤翔府判官。这期间，针对北宋王朝财乏、兵弱、官冗等政治弊病，写了50篇策论。熙宁间（1068—1077年），王安石变法，苏轼连续上书提出不同意见，未被采纳，因而自请调至杭州、密州、徐州、湖州等地任职。元丰二年（1079年），因作诗嘲讽新法，下御史台狱，继贬为黄州团练副使。哲宗即位（1086年）后，调任登州（今山东省蓬莱市）知州。累官至中书舍人、翰林学士、知制诰等职。不久因反对司马光罢废免役法，遭旧党疑忌，再调外地任职，历任杭、颍、扬、定等处知州，均有政绩，官至礼部尚书。后新党得势，被贬惠州，作《惠州一绝》：

罗浮山下四时春，卢橘黄梅次第新。

日啖荔枝三百颗，不妨长作岭南人。

苏轼像 >

　　绍圣四年（1097年）四月，又贬为琼州别驾，昌化军（治所在今儋县中和镇）安置。居儋期间，以著书为乐，自编经义，敷扬文教，海南各地读书人多慕名前往从学，"琼州人文之盛，实自公启之"（《琼台纪事录》）。

　　苏轼在儋与州守张中及当地秀才黎子云交谊甚深，张、黎等凑钱建"载酒堂"以方便聚会。苏轼还作诗劝导汉黎团结，在《和陶劝农六首》诗中写道："咨尔汉黎，均是一民。鄙夷不训，夫岂其真？怨忿劫质，寻戈相因。欺谩莫诉，曲自我人。"当时黎族民众不种麦稷，以猎兽捕鱼为生，以沉香等特产和外界交易。苏轼向农民推广种植稻谷等主粮产品，提高产量。当地人病不服药，杀牛祈祷以求治病，以致人牛皆亡。他劝谕黎族百姓改变落后习惯，并开掘水井改善饮水条件。

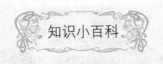

沉 香

又名海南沉、白木香、莞香、女儿香、土沉香。为植物白木香的含有黑色树脂的木材。我国主产于海南岛。沉香树脂极为易燃，燃烧时可见到油在沸腾。随树脂颜色的不同，燃烧时所释放出来的香味有所不同。颜色依等级而分依序为绿色、深绿色、微黄色、黄色、黑色。沉香树脂极为沉重，虽然原木的比重只为0.4，当树脂的含量超出25%时，任何形态的沉香（片、块、粉末）均会沉于水。沉香的名称正是来自于其沉于水的特质。

元符三年（1100年）五月，朝廷下诏苏轼徙廉州（今广西壮族自治区合浦）。他得以迁回内地，但对海南至为留恋，因而写下《儋耳》、《别海南黎民表》等诗文，表达欲去还留心情。离开儋州时，儋人热情相送。北归途中卒于常州（今属江苏省）。追赠资政殿士、太师，谥号文忠。海南省琼山、儋县等地有祠奉祀。苏轼一生著作极丰，其中后人收集整理其居儋3年的大量诗文，编成《居儋录》（又名《东坡海外集》）。

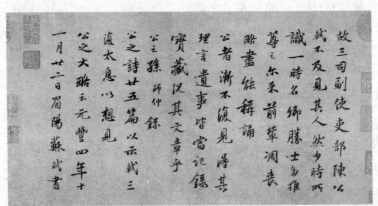

< 苏轼手迹

李纲 >

四、李纲

宋高宗时任宰相的李纲，因主张抗金，被投降派诬告被贬，建炎三年（1129年）渡琼，在琼仅11天，就写下《两伏波庙记》文和《南渡次琼管并序》、《渡海至琼管天宁寺咏菩提花》3首、《孔雀》5首，直吐胸臆，"纟衣缟带平生志，正念幽人尚素冠"，表示清白操守之意。

五、卢多逊

卢多逊（934—985年），北宋宰相，崖州谪宦，怀州河内（今河南沁阳）人。五代后周显德初举进士。北宋开宝元年冬命为翰林学士。太平兴国初拜中书侍郎、平章事，后任兵部尚书。太平兴国七年，多逊因涉连秦王赵廷美结党营私案，被捕入狱。开始判死刑，并诛九族。后太宗念其身居相位，久事朝廷，改为削夺其官职及三代封赠，全家发配崖州（今三亚），

琼州故地　历史悠远

< 水南村

多逊至崖州后，上谢恩表文由遣送者带回朝廷。谢恩表中云："流星已远，拱北极已不由；海日悬空，望长安而不见。"雍熙二年（985年）卒于崖州水南村寓所，年52岁。在水南村作咏崖州诗多首，其中《水南村》最脍炙人口："珠崖风景水南村，山下人家林下门。鹦鹉巢时椰结子，鹧鸪啼处竹生孙。鱼盐家给无墟市，禾黍年登有酒樽。远客杖藜来往熟，却疑身世在桃源。"卢多逊学问渊博，涉猎颇广，开宝年间任翰林学士时，奉敕与尚药奉御刘翰等纂修《新评定本草》，即后世所称之《开宝本草》。

六、赵鼎

赵鼎，南宋政治家、词人。字元镇，自号得全居士，解州闻喜（今属山西）人。徽宗崇宁五年（1106年）进士。曾任河南洛阳令、开封士曹等职。南渡后，累官至尚书左仆射同中书门下平章事兼枢密使。他荐任岳飞、韩

我爱海南

世忠等爱国将领，有效地组织了军事力量以抵御金兵。他极力反对和议，遭到秦桧等人的打击、陷害。

宋绍兴八年（1138 年），赵鼎因力主抗金被秦桧所诬害，被贬绍兴、泉州、潮州等地，绍兴十四年（1144 年）移贬至吉阳军（今三亚市崖城镇）安置。被贬后，赵鼎给宋高宗的上表中，表达了他抗金救国的思想永远不改变："白首何归，怅余生之无几；丹心未泯，誓九死而不移。"坚强的意志使秦桧感到胆寒："此老倔强犹者。"居海南 3 年，作《咏黎婺山》、《道中闻子规》、《行香子》等诗词，"举头见日，不见长安。漫凝眸，老泪凄然。"最后他绝食而死，临终前自书铭旌："身骑箕尾归天去，气作山河壮本朝。"后人赞他"千古高名屹泰山"。

七、李光

宋代名臣李光，因指斥秦桧"怀奸误国"被贬，绍兴十四年（1144 年）抵琼州，居琼十余年，著《儒学记》、《庄简集》、《读易详说》、《迁建儋州学记》等名篇，他题写海南的诗词有《啄木鸟并序》、《琼台》、《阜通阁并序》、《坚白堂》、《秀香堂》、《清水池》、《荔枝并序》等 15 首，盛赞"海南风物异中华"，又借风物抒发忧国忧民之情，针对时弊明言："富国要先除国蠹，利民须急去民蟊。"《宋史》评他贬琼期间"论文考史，怡然自适，年逾八十，笔力雄健"。

八、胡铨

宋代名臣胡铨，绍兴八年（1138 年）上书驳斥主和派，请求斩秦桧，绍兴十八年（1148 年）被贬至吉阳军（今三亚市崖城镇），居琼 8 年，写

胡铨

< 胡铨

下《送菊》、《洗兵亭》、《逸贤词》、《哭赵鼎》、《别琼州和李参政韵》、《买愁村》、《马鞍山》等诗词数十首,其中《洗兵亭》诗最为人所推崇,有"玉垒尘清闲播鼓,玳筵人好细流觞""澹庵临水空惆怅,洛浦凌波见未尝"之句。

我爱海南

第五章

民族风情　多姿多彩

　　海南省的居民，分属汉、黎、苗、回、藏、彝、壮、满、侗、瑶、白、泰、佤、畲、水、京、土、蒙古、布依、朝鲜、土家、哈尼、傈僳、高山、锡伯、门巴、纳西、仫佬、哈萨克、鄂伦春等30多个民族。世居的有黎、苗、回、汉等族。千百年来，古朴独特的民族风情使本岛社会风貌显得更加丰富多彩。

∧ 琼剧《双珠凤》

第一节　少数民族

　　海南省的居民，分属汉、黎、苗、回、藏、彝、壮、满、侗、瑶、白、泰、佤、畲、水、京、土、蒙古、布依、朝鲜、土家、哈尼、傈僳、高山、锡伯、门巴、纳西、仫佬、哈萨克、鄂伦春等 30 多个民族。世居的有黎、苗、回、汉等族。千百年来，古朴独特的民族风情使本岛社会风貌显得更加丰富多彩，其中最具有特色的便是黎族与苗族的生活习俗。据历史记载，早在远古时代，黎族同胞就在这块土地上刀耕火种，独特的民族文化和绚丽的织锦工艺著称于世，民风质朴、敦厚。

一、黎族

　　传说上古时代炎帝时代，其诸侯部落之一的"蚩尤"部落是东部、南部各族部落的统称，各族部落众多，以后又称"南蛮"、"百越"、"九黎"、"三苗"，是黎族、苗族、壮族等现今南方少数民族的祖先。"蚩尤"部落因为经常叛乱，被黄帝、尧、舜、禹以及以后朝代兼并、驱敢，逐渐向南躲避于山岭，以至其中一支古骆越人（后称"俚人"）人口大量减少，部分人从陆地两广和越南北部一带乘独木舟、竹筏登上海南岛，成为海南最早的居民，这就是黎族的祖先。到了南北朝时，陆地广一带的"俚人"跟随首领冼夫人，大规模迁移海南岛，并归附冼夫人统治。海南岛的"俚人"在宋朝以后始称"黎"至今。

　　黎族是海南岛迄今已知最早的居民。黎族社会内部因方言、习俗、地

< 黎族人家

域分布的差异而存在不同的称呼，主要有"哈"（习惯称"侾"）、"杞"、"润"（亦称"本地黎"）、"台"（以前的著作多称"赛黎"）和"美孚"等自称。"黎"是他称，是汉民族对黎族的称呼。黎族在和外族交往时普遍自称为"赛"（ɑi）。黎族人口约114万人，主要聚居在五指山区地势较平的山麓或临河的盆地，村寨大小不等，错落有致，低矮的茅草房掩映在严严实实的椰子树与槟榔树间，在树的空隙处有用竹篱笆围成的院子，错落有致。

黎族人民传统住宅是以茅草为盖、竹木为架的简易茅草屋，主要有船形茅屋和金字形茅屋两种样式。船形屋是黎族最传统也是最具代表性的住宅。它以木条、竹子、红白藤和茅草为建筑材料，房屋的骨架用竹木构成，属于传统竹木结构建筑。

< 对歌

我爱海南

黎 锦

　　古称吉贝布、崖州被、棉布，是黎族的一种特色花布，远在春秋时期就盛行，是中国最早的棉纺织品。黎族人民采用木棉花萌果内的棉毛、苎（zhù）麻纤维及分别来自于美洲和印度的海岛棉、巴西木棉、大陆棉和树棉等灌木类棉花，以织绣、织染、织花为主，刺绣较少，用天然植物色素做颜料，纺织成一种特色花棉布（以麻、棉分别做经线和纬线）。因木棉又名吉贝，故黎锦也叫吉贝。黎锦精细、轻软、洁白、耐用，古语称"黎锦光辉艳若云"。宋朝以前黎族人的棉纺织技术领先于中原汉族，后来灌木类棉花逐渐由海南岛传入中国南方，元朝时黄道婆又将黎族的纺纱、织布等技术加以改进传播到内地，迅速推动了长江下游棉纺业的发展，掀起了被海内外学者称誉的持续数百年的"棉花革命"。

　　黎族的"三月三"节与海南苗族节日相同。传说，上古洪水时期，兄妹两人躲在南瓜中幸存下来。为了成家立业，他们决定分头寻找其他人，并约好来年农历三月三会合。结果几年过去了，两人都是无功而返。妹妹见找不到别人，就忍痛用竹签将自己的脸刺上花纹，又用植物染上了颜色，不让哥哥认出自己，以结夫妻，从而使种族得以延续。这也是黎族"三月三"节和纹面来历的传说。至今在东方市东方镇中方乡，每年农历三月三，

黎族"三月三" >

<織锦

各地的黎族青年男女会集一起，参加"三月三"盛会，男女青年会结队在山坡上对歌以寻觅心上人，而后成双成对地离开去谈情说爱。

黎族歌舞多取材于劳动和生活，有竹竿舞、舂（chōng）米舞、钱铃双刀舞、踩波舞、草笠舞等；另有别具一格的鼻箫、树叶吹奏、竹木打击乐等。

黎族的特色食品是竹筒饭，用山兰米（一种旱稻）配肉类为原料，放进新鲜竹筒中，以炭火烤焦绿竹即熟，是黎家人出远门、上山或招待客人时的食用佳品。

用黎族特产山兰糯米发酵，半个月便可制成甜糟；如果将甜糟装在坛里深埋在芭蕉树下，一年后酒呈黄褐色，二三年则显红色甚至黑色。其时，

<山兰酒

我爱海南

甜糟已经全部化为浆液而变成山兰玉液（山兰酒），黎家人称之"biang"，被誉之为黎族"茅台"。山兰酒会集黎山大自然之精华，消食去滞、愈伤生肌、滋补养身、去湿防病、驻颜长寿，每逢宾客莅临、重大节日或妇女坐月子，便以此为礼，用细竹竿插入坛中吸食。

二、苗族

苗族同黎族拥有共同的祖先——东部、南部的蚩尤各氏族部落，被黄帝、尧、舜、禹以及以后朝代兼并、驱赶，逐渐向南、向西南躲避于山岭。明代嘉靖、万历年间，从广西调防来海南岛戍边的苗族士兵撤防后留了下来，后代变成了现在的苗族，上岛历史已有 400 多年，人口约 6 万人。

苗族与黎族同居岛的中南部山区，因为入居海南岛时间较晚，加之人少势弱，往往在黎族的居住区里见缝插针，或生活在深山密林之中。住宅是茅草盖顶的金字型房屋。海南苗族与黎族同有农历"三月三"节。

苗族银饰 >

民族风情　多姿多彩

< 苗族蜡染

　　苗族的服饰是头用红绸带，或蜡染，或刺绣花角巾束髻；上身为无领、开右襟的青色上衣，束红绸腰带；下身是短裙，扎有绑腿。

　　蜡染是苗族古老的印染工艺，用蜡刀蘸蜡液于白布上绘图，再浸入蓝靛缸染色，然后水煮脱蜡，即显出蓝底白花纹布。

　　苗家的特色食品是五色饭，在"三月三"节庆时家家制作。有红、黄、蓝、白、黑五色，皆用桑叶等植物汁液做天然色素拌于糯米中，然后放进特制的木蒸笼里蒸成。五色饭色彩鲜艳，清香可口，是开胃去火的清凉美食。

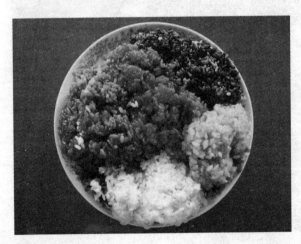

< 五色饭

我爱海南

第二节 戏剧 戏曲

海南戏剧有两类。一类是本地剧种，如琼剧、人偶戏、临剧、山歌剧。木偶戏虽自外传入，但经长期变革已本土化了；另一类是外来剧种，如排楼戏、军戏、粤剧、话剧、京剧等。

一、琼剧

琼剧，海南地方大戏剧种。流行于海南各地、广东雷州、广州和广西合浦一带，传至新加坡、泰国、马来西亚、柬埔寨、印度尼西亚、越南、菲律宾、文莱等华裔、华侨聚居地。琼剧用海南方言（俗称海南话，属闽南方言）演唱。清代至新中国成立前称土戏，琼剧称谓的文字记载最早见于1936年中华书局所发行的田曙岚《海南岛旅行记》一书。中华人民共

琼剧《春草闯堂》>

和国成立后普遍使用"琼剧"称谓。

元代，海南开始出现青楼戏（排楼戏）和木偶戏。明朝外地戏班入琼，促进了海南地方戏曲土戏（琼剧的前身）的形成。地方史书记载，明中叶以后，海南就有土剧。

琼剧是一个具有鲜明地方特色的戏曲剧种，其剧种特色首先表现在唱腔音乐方面。琼剧的唱腔是外来剧的弋阳腔、昆腔、梆黄腔与本土民间音乐相互交融的产物。

早期琼剧（土戏初期）角色行当的分类不细，清中叶流行的剧本里，只有生、旦、杂（丑）、净四大行当。清咸丰年间，粤伶南流来琼，琼剧受其影响，仿效粤剧行当体制，清末民初行当分工很细，有25行（种）之多。琼剧行当现行体制分五大行：生、旦、净、末、丑。

琼剧自产生以来演出的剧目繁多，总计有2500多个。新中国成立前传下来的传统剧目有1530多个，有武戏、文戏和文明戏。武戏以武打为主，400多个，多取材于历史、神话小说，如《古城会》《十字坡》、《方世玉打擂台》等。

新中国成立后，在"百花齐放，推陈出新"的方针指引下，对传统剧目"取其民主性精华，去其封建性糟粕"，改编整理出200多个，新编历史剧9个，创作现代剧60多个，改编移植兄弟剧种目730多个。

二、人偶戏

人偶戏源于临高县的民间小戏。人偶戏用临高方言演唱，流布于海南省临高县全境，澄迈县、儋州市部分地区以及海口市的博片、遵谭、十字路、长流、荣山、秀英等临高语地区。

临高县老艺人相传，南宋时期（1127—1279年），某村发生瘟疫，村民们迷信，祈求真武大帝、严将军，对瘟神许愿：你们不要加害我们的

我爱海南

人偶戏 >

子孙，我们可以通宵达旦为你们做佛事。于是，村民便用野菠萝头制作成"佛像"来表演，以求神灵保佑村民平安。这种表演，群众传统称为"佛子戏"，至今艺人中仍有"佛子戏"的说法。因其艺术特点为演出时不设布幛，人与偶同台演出，即表演者手撑木偶，化妆登台，唱念做打，均与所持木偶同演一个角色，所以俗称为"人偶戏"。在清康熙时人偶戏已形成。临高县八旬老艺人陈和成先生于 1979 年献出七代珍藏的 10 个古老木偶，其中有 4 个头部刻"康熙"年号的标志。

人偶戏的传统唱腔只有啊啰哈、朗叹两个唱腔，这两个唱腔延续使用了数百年，不管演什么剧目，都一腔贯到底，久唱不衰，为群众所喜爱。

目前人偶剧目有 300 多个，剧目均为提纲戏，无固定脚本，演"白肚戏"，靠演员临场发挥，粗俗混杂其间。因上演剧目均用诸如"游花园"、"出征行军"、"夫妻恩爱"、"赴京应考"、"升堂审案"、"喜新弃旧"等固定的公式去套用，艺人称为"公式戏"。

民族风情　多姿多彩

第三节 音乐

一、器乐

海南的民族民间器乐有着悠久的历史。有出土文物为据的海南早期乐器是北流型铜鼓（汉代），它的造型古朴庄重，制作精良。现存于海口博物馆的汉代乐器还有铜钟、铜铃等。

海南具有特色的民族乐器主要有：

唢呐 俗称为"哒"，是海南八音和戏曲音乐的主奏乐器。常见的有大、小两种，大的称大哒，小的称哒仔。唢呐由木杆、铜芯、气盘、铜碗、唢子等部件组成。唢呐之音抒情甜美，柔如歌声，又能粗犷、雄厚、刚健，不但热烈喧闹少不了它，而且悲苦哀哭更有它的独到之处，在民间音乐中

<海南黄花梨唢呐

我爱海南

用途最为广泛。

调弦　亦称"吊弦"。海南八音和戏曲音乐的主奏乐器。用直径约11厘米的粗竹制琴筒，以薄梧木板蒙面，琴杆用坚质木料制成，杆长约70厘米。竹弓（弧圈形硬弓），牛筋丝弦，只用第一把位演奏。其音色纯厚清和，但属中音乐器。

椰胡　俗称"升古弦"（海南盛产椰子，常用椰壳做水瓢、量米等装东西的器具，这些器具通称"升古"，故得名）。用直径约16厘米的椰壳做琴筒，琴面直径约14厘米，用鸡蛋白涂在捆钞纸（即银行捆钞票用纸）上，一张张粘贴而成。发音醇厚柔和，故也有"和弦"之称。

箫　亦称箫仔，是海南普遍流行的民间乐器。用直径约1.5厘米、长约25厘米的小竹制作。正面有音孔6个，背面顶端约2.5厘米处，开一约边长0.6厘米的吹孔，底边削成向外倾斜约45度斜面，下端有两个定音孔，起调音和放音作用。笛塞用高约2.3厘米的圆木制作，底部直径约四分之一处向内倾斜约23度形成梯形吹口，然后装入竹笛并推至吹孔，以调出筒音的最佳效果为准。竖吹发声，音色柔和高亮。

竹笛　民间黎族地区较为流行。乐手用细竹自制而成。有长短两种，长的约65厘米，直径约2厘米；短的约50厘米，直径约2厘米。正面有音孔6个，左右各有3个。用嘴唇吹吐发音。它的表现力极为丰满，音调刚健有力、华丽流畅。

鼻箫　亦称为"巡"，是黎族古老的管乐器。取长70厘米、直径3厘米的山竹，保留竹管两头的原始竹节。在管杆上方15厘米处、管杆尾上方6厘米处、底端正面处各通1个音孔，形成3个音孔。吹奏时，箫杆向右侧横斜，箫头贴紧右鼻孔，左手食指或中指按上方音孔，右手拇指按尾端上方音孔，食指或中指按底端音孔，利用左鼻孔吸吐气按松3个音孔的技巧来控制音调的高低，音阶为1、2、3、4、5、6、7。鼻箫的吹奏者完全依靠鼻孔吐、吸气的方法，从3个音孔发出各种优美的旋律，确是个奇特的创造。鼻箫音色优美，音量小而轻，富于生活情调。

<鼻箫

筒勺　亦称"洞箫"或"巴安"。是黎族民间的一种竹制竖管乐器。箫身长短不一，有的长达 132 厘米、粗 3.3 厘米不等。箫的头尾两端都挖通，首端边缘开 1 个吹音孔。管杆下方 49.5 厘米处开 1 个按音孔，上方开 3 个音孔。音量比较小，中音区的音色宽厚、圆润、优美，善奏连音和顿音。

唎咧　亦称为"德垒"，是黎族民间传统管乐器。规格按音律高低分高、中、低 3 种，形如唢呐杆，长约 23 厘米，头尖尾大，用质优纹细的水尾竹细管制成。管杆以小管套接大管，节节相套，共有 8 节。唎咧音色响亮粗犷，活泼有力，优美动听，富有欢乐的生活气息和情调。

口弓　又名口琴，黎语叫"代"，是黎族以弹拨与吹管相结合的独特乐器。用两片簧片，各长约 6 厘米，宽 1 厘米，相距约 0.5 厘米，平行装在长约 8 厘米的木柄上。簧片有竹质和铜质两种。铜簧口弓以铜簧较长而富有弹性为佳。口小声音大，口大声音低，低音浑厚圆润，高音清澈悦耳。

呗　黎族竹制吹管乐器。取一节直径 1 至 2 厘米的山竹剖开两块，各修成上略小、下略大的形状，再合拢结扎成一件，如汉族的唢呐状。吹口处插一根小竹管，捆上龙眼叶。管身开有 9 个按音孔（前 8 后 1）。音色接近汉族的唢呐。

黎鼓　亦称"独木鼓"，黎族民间打击乐器。将独木内径挖空，两端蒙上鹿皮或牛皮，在缘边用木签钉固鼓面即可。木鼓有大有小，大型的长

1米，口径60厘米。小型的长度、口径酌减。鼓槌以木制成。大木鼓声浑厚，小木鼓声刚健。

苗鼓　亦称长鼓，苗族独有。长鼓分前后两部接合而成，长约1米，前部是瓦制的圆形腔，后部为长椎形的木腔，两端蒙以牛皮或鹿皮。用绳子扯紧。击鼓时用手拍木腔的一端，发出"咚咚"的响声。

叮咚　是黎族民间古老的单人打击乐器。黎族先人在深山刀耕火种点播山稻，在"山栏"园地里建守寮，吊起两根大木杆，以击杆声驱兽保护庄稼。后人把击杆发展为"叮咚"乐器。"叮咚"曲声音清晰，节奏轻松，也有高昂悦耳的。

二、民间器乐曲

海南的民间器乐曲极其丰富，已收录到的乐曲有1000多首。根据演奏的形式和乐曲的特征，大体可分为独奏乐曲、合奏乐曲、祭祀乐曲、宗教乐曲等类别。

独奏乐曲是以单件乐器演奏的乐曲。使用的乐器主要有唢呐、竹笛、鼻箫、呗、唎咧、筒勺、洞箫、口弓、哔哒、树叶、调弦、秦琴、叮咚等。

合奏乐曲是多种乐器在一起演奏的乐曲，主要有八类乐器合奏，故俗称为"八音"。合奏乐曲根据演奏形式和乐曲风格，一般分为锣鼓乐曲、吹打乐曲、丝竹乐曲和歌舞乐曲。

海南自古以来崇尚祭祀活动。多种多样的祭祀活动，催生了丰富多彩的祭祀音乐。有汉族的祭祀乐、黎族的祭祀乐、苗族的祭祀乐。

海南自唐宋代就有佛、道教音乐传入。

新中国成立后，海南的创作歌曲得到迅速的发展和繁荣。1988海南建省后，海南歌曲创作进入全盛时期，歌曲的题材、风格多样化，艺术质量也有很大的提高。

民族风情　多姿多彩

第四节　舞蹈

海南民间舞蹈久负盛名。黎族先民以"能歌善舞"闻名于世。宋绍圣四年（1097年）四月，大文学家苏东坡被贬至儋州时，就看到"溪边自有舞雩风"。明代舞蹈更盛，特别是游灯歌舞更为壮观，"奇巧百出，歌舞欢呼不绝"。清代，祭孔歌舞勃兴，清康熙年间《感恩县志》云："乾隆五年，全郡县选乐舞生128名，延师教习，以备合乐之用。"记述祭孔时，男女跳"迎神"、"初献"、"亚献"、"终献"、"撤馔"、"送神"等系列舞蹈。民国时期，多见祭祀性舞蹈。新中国成立后，民间舞蹈活动更加活跃。

海南的主要民族有汉族、黎族、苗族、回族，不同的民族有不同的族源、不同的文化背景和不同的生活习俗，所产生的民间舞蹈也有不同的风格和特点。

一、汉族民间舞蹈

汉族民间舞蹈就其内容和形式，可以分为祭祀性舞蹈和娱乐性舞蹈两大类。祭祀性舞蹈是举行各种祭祀仪式时跳的舞蹈。主要有捕三槐舞、求雨舞、祭海舞、鲤鱼莲花灯舞等；娱乐性舞蹈一般是在节庆、喜庆场合跳的舞蹈，主要有狮舞、龙舞、麒麟舞、鹿子舞、鲤鱼灯舞、盅盘舞、八音舞等。

黎族舞蹈 >

二、黎族民间舞蹈

　　黎族民间舞蹈一般分为三类：一是原始宗教舞蹈。如《招福魂舞》、《跳娘舞》、《面龟壳舞》、《召祖舞》、《五方舞》等。二是劳动生活舞蹈。如《钱串舞》、《舂米舞》、《打猎舞》、《踏田舞》、《种山兰舞》、《捉鱼舞》、《赶鸟舞》等等。三是生活娱乐舞蹈。如《打柴舞》、《钱串舞》、《钱铃双刀舞》等等。

　　代表舞蹈为招福魂舞，古老的原始宗教舞蹈。流传于通什市、保亭县"合亩制"的杞方言黎村。每逢秋收后，各家各户都要搞"招福魂"，先屠宰牛、猪等牲口，把牛或猪头挂在墙壁上。祭祀人边跳舞作法边念咒语，把五谷、牲口、犁耙等农具的灵魂都招回家中。舞蹈动作有上步洒水，撒步招福，众人同舞，舞蹈用锣鼓伴奏。舞蹈结束后，众人一起喝酒唱祝福歌。

三、苗族民间舞蹈

苗族民间舞蹈主要有祭祀舞蹈和生活娱乐舞蹈两类。祭祀舞蹈如三元舞、召龙舞、苗鼓舞、禾子斋舞等；生活娱乐舞蹈如团结舞、文武舞、集福舞、大刀舞、鹰舞、斗豹舞、献花舞、木棍舞等。

代表舞蹈为三元舞，祭祀舞蹈，广泛流行于苗族居住的乡村。苗族信奉盘皇和三元神，认为盘皇是苗族创世祖，三元神是苗族保护神。每年的农历正月十五、七月十五、十月十五这3天，各村由"村老"（村长）牵头，全村人都聚拢在一起，举行群众性的祭祀活动。按上元、中元、下元的顺序，跳起三元舞。舞蹈表现苗族人民渡海迁徙的过程。上元舞表现渡海与风浪搏斗的艰难。中元舞表现欢乐和开路的情景。下元舞反映众人长途跋涉到达目的地的欢乐。最后是向东、西、南、北、中5个方向朝拜。大意是迁徙的苗族李、赵、蒋、盘、邓的五姓氏祖先拜祭创世祖盘皇和三元保护神。

第五节　特色美食

生猛海鲜是海南餐饮的一大特色，必吃的有梅花参、鲍鱼、鲻鱼、海胆等海中极品。

海南椰味菜是海南餐饮的另一大特色，主要有椰子蟹、椰液鸭、椰汁羊、椰蓉鸡、椰子盅等佳肴，具有浓郁的椰林风味。

我爱海南

一、海南名菜

海南最有名的四道菜就是文昌鸡、加积鸭、和乐蟹、东山羊。

"四大名菜"之首的文昌鸡是一种优质育肥鸡，因产于海南省文昌而得名。据传，文昌鸡最早出自当地潭牛镇天赐村，此村盛长榕树，家鸡食榕籽、觅昆树籽，虽生长缓慢，个体不大，翅短脚矮，却肉质滑嫩，皮薄骨酥，味道极佳。海南人吃文昌鸡，传统的吃法是白斩（也叫"白切"），口感清淡、肉质滑嫩，最能体现文昌鸡鲜美嫩滑的原质原味。蘸食文昌鸡的酱汁是精髓所在，滴几滴海南特有的野生橘子汁，提味，解油腻。白斩文昌鸡在海南不论筵席、便餐或家庭菜皆派用场。在东南亚一带备受推崇，名气颇盛。

加积鸭，俗称"番鸭"，是琼籍华侨早年从国外引进的良种鸭。其养鸭方法特别讲究：先是给小鸭喂食淡水小鱼虾或蚯蚓、蟑螂，约两个月后，

文昌鸡 >

民族风情　多姿多彩

小鸭羽毛初上时，再以小圈圈养，缩小其活动范围，并用米饭、米碜掺和捏成小团块填喂，20天后便长成肉鸭。其特点是：鸭肉肥厚，皮白滑脆，皮肉之间夹一薄层脂肪，特别甘美。加积鸭的烹制方法有多种，但以"白斩"（又称"白切"）最能体现原质原味，因此最为有名。

海南东山羊，用特产万宁东山岭的东山羊肉，配以各种香料、味料，经过多种烹调法精制而成。东山羊因生长于海南万宁东山岭而得名，东山岭岩石繁多，山坡陡峭，毛色乌黑的东山羊喜爱采食特异灌木杂草，再加上日间跳跃于岩石之间，登高采食，夜间山上栖息，造就了其健壮的体格、饱满的肌肉、细嫩鲜美的肉质。东山羊自宋朝以来就已享有盛名，并曾被列为"贡品"。其食法多样，有红焖东山羊、清汤东山羊、椰汁东山羊等，具有肥而不腻、气味芳香、味道鲜美、滋补美容之特点。

和乐蟹产于海南万宁县和乐镇，以甲壳坚硬、肉肥膏满著称，与内地河蟹相比有两个特点：一是脂膏几乎整个覆于后盖，膏质坚挺；而内地河蟹膏质烂软，为块状，数量显然比和乐蟹少。二是和乐蟹比内地河蟹肉质优而量多。和乐蟹食法多样，蒸、煮、炒、烤，均具特色，尤以"清蒸"为佳，蘸以姜蒜醋配成的调料，既保持原味之鲜，又兼富营养，有"补骨髓，滋肝阴、充胃液、养筋活血、治疰愈核"之药用功效。

< 和乐蟹

二、海南有名的小吃

"清补凉"。清补凉是夏天清热的佳品，海南清补凉不但可以降火而且甘甜爽口，主要根据当地的气候、生活习惯，采用的是消暑降温的原料。一般清补凉的原料少有 10 多种，多的有 20 多种，海口街头巷尾常见清补凉的用料有花生、红豆、绿豆、通心粉、新鲜椰肉、红枣、西瓜粒、菠萝粒、鹌鹑蛋、凉粉块、珍珠、薏米、芋头等。

琼海清补凉最有特色的一点是它不加冰块，而用"炒冰"来搭配清补凉原料。这"炒冰"是用椰奶加糖再加牛奶后，用火炒热后经过不停搅拌而成。用"炒冰"调配出的清补凉入口即化，吃起来香滑、细腻，有点冰淇凌的味道。

海南粉是海南最具特色的风味小吃，在海南岛北部的海口、琼山市、定安县和澄迈县的市镇居民中食用比较普遍，而且是节日喜庆必备的上品，

清补凉 >

民族风情　多姿多彩

< 海南粉

象征吉祥长寿。海南粉用大米、番茨粉为原料制成米粉，其白如雪，其细如丝（与驰名的桂林米粉、云南过桥米线相比，其纤细的程度是上述米粉所不能比拟的）。

陵水酸粉，陵水一带风味小吃，属"腌粉"类（海南"腌粉"的"腌"字北方指凉拌），其粉圆而长，外观如桂林米粉、云南过桥米线。同样是"腌粉"，但其腌料与其他海南腌粉有所不同，既香又酸，嗜辣者再加上一勺本地产的"辣中之辣"的"灯笼椒辣酱"的话，更是香、酸、辣三味俱全，开胃好小吃！

抱罗粉。由于海南岛地处我国最南端，粮食类以大米为主，所以米粉类小食在海南比较普遍，抱罗粉是其中比较有代表性的一种。抱罗粉以大米粉条配靓汤及多种佐料调制而成，又因其粉比"海南粉"略粗，故琼北各地又称之为"粗粉汤"。抱罗粉因盛起文昌市的抱罗镇而得名，相传自明代起抱罗粉就成为抱罗镇著名四乡的美食了。抱罗粉属汤粉类，其贵在汤好，汤质清幽、鲜美可口、香甜麻辣。抱罗粉的汤较甜，但这是一种独特的鲜甜，甜而不腻，且甜中带酸、酸中带辣。

我爱海南

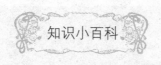
抱罗粉 >

鸡屎藤粑仔，是把鸡屎藤叶和大米晒干磨粉，食用时和成面团然后搓成一个个如手指般大小，下锅煮熟，煮熟后在锅内加入生粉、椰丝、红糖、姜继续煮上五分钟，这样一锅鸡屎藤粑仔就做成了，吃起来绵绵甜甜，还有一股淡淡的"鸡屎味"。在农历七月初一，琼海市家家户户都要吃鸡屎藤粑仔，以抵御即将到来的严寒天气。

海南火锅。俗称"打边炉"，在海南无论冬夏皆打边炉。这种火锅高档的以果子狸、蛇肉、龟肉配红枣、党参、淮山、枸杞煮汤，再加生鱼片海鲜、

知识小百科

鸡屎藤

鸡屎藤，中药名，为茜草科，鸡屎藤属多年生草质藤本植物。《纲目拾遗》云："搓其叶嗅之，有臭气，未知其正名何物，人因其臭，故名臭藤。"其具有祛风除湿、消食化积、解毒消肿、活血止痛之功效。

民族风情 多姿多彩

<打边炉

牛百叶、鸡肉烫食，复有豆腐、粉条烫食，后有西洋菜、生菜等时蔬烫食，最后连汤带水吃完喝尽。吃得人人"三流"：流汗、流眼泪、流鼻涕。

海南煎粽，海南地方风味小吃，流行于海（口）府（城）地区，与普通粽子不同之处在于：一是不用粽叶包裹；二是先蒸热糯米后入配料调兑而煎之，故不受节令限制，可长年制作与食用。

文昌糍粑，海南地方风味小吃。又称"椰香粘软"，出自文昌市一带民间。用糯米粉加清水、生油搅和，揉搓成小团，用手按压成扁圆形，在滚水中煮熟，然后沾上碎粒状甜馅料便可吃用。特点：香甜软糯，椰味十足，粘韧适中，制法简便，别具特色。

三、海南特色酒饮品

山兰酒（山兰玉液）是黎族的"茅台"，系用黎族所居山区一种旱稻——山兰稻米拌以黎山特有的植物，运用自然发酵的办法制成。由于酒与糟混在一起，为了不致喝进糟，便用竹竿插入坛，众客齐吸，古人有"竹竿一吸胜壶觞"的诗句。山兰酒营养价值很高，会集了黎山大自然之精华，消食滞，数饮愈伤生肌，常饮驻颜长寿。

我爱海南

咖啡酒是采用海南产优质咖啡生产的低度酒，呈咖啡色，兼具酒和咖啡双重香味，内味特别，可谓酒中奇品。

鹿茸血酒取海南人工饲养雄鹿之新鲜茸血加50度白酒配制而成，工效可健脾胃、强筋骨、止虚寒流，具有鹿茸的滋补功效。

香兰酒是以海南省产香草兰为主要香源，以纯粮为原料研制而成的低度利口酒。该酒澄清透明，香气纯正，风格独特，具有香草兰的典型香气。味柔和，入口协调，回味绵长。该酒极具补肾壮阳和舒经活络之功，可作为餐前开胃酒、餐后爽口酒饮用。饮用前最好冰镇处理至8℃—12℃，也可用作配制鸡尾酒用。

第六节　特色工艺品

一、贝雕

贝雕工艺早在明代就有了很高水平，并逐渐和古老的椰雕工艺结合起来，形成了独特的艺术风格。现在，大多精制的海南贝雕都与椰雕拼合、镶嵌而成，或者用椰雕为座架，明丽的贝雕与古朴的椰雕形成强烈对比。贝雕用多种多样的贝壳、螺壳，形状奇持，色彩斑斓。其中虎斑贝、白玉贝、夜光贝、五爪螺、猎母螺、珍珠贝、贞洁螺、唐冠螺、七角贝、猎耳壳以及可做烟灰缸的马蹄螺、渔民做号角的大角螺等等，都是惹人喜爱的天然工艺品。

　　　　　　　　　　　　　　　　民族风情　多姿多彩

< 贝雕

二、南汉草席

南汉，乃泷水镇一个乡村，自古以来，编织草席是该村村民的主要副业收入。"南汉草席"以美观大方、凉爽舒适、结实耐用而闻名遐迩。该村编织草席所用的草，俗称"观草"。

三、椰雕

椰雕用椰子壳、椰棕、椰树木等材料进行艺术加工，如今已有 300 年的悠久历史。椰雕工艺分为三类：一是椰壳雕。用椰子壳的天然形态，把椰壳和贝壳嵌镶结合，按设计造型拼接成工艺品。产品有椰碗、茶叶盒、牙签筒、烟灰缸、花瓶、二胡、拼贴工艺画等。二是椰棕雕。用椰棕自然的肌理效果，采用切、割、烫等方法加工成椰猴、椰猪、椰妹等各种动物、人物造型的工艺品。三是椰木雕。椰木向来被海南民间用来加工成木梁盖房子。明、清两代，椰雕都曾作为"天南贡品"向京城进贡。

我爱海南

椰雕 >

四、水晶

海南天然水晶主要产地在屯昌县。该县的羊角岭水晶矿量丰质优，纯净莹润。优质天然水晶加工成多种多样的项链、手链、胸饰、耳坠、眼镜和玲珑剔透的水晶工艺品。

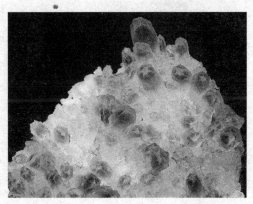

水晶 >

民族风情 多姿多彩

五、珍珠

珍珠主产三亚市和陵水县。海南岛周边海域海水温度适宜，毫无污染，海洋生物丰富，为珍珠贝的生长提供了良好的条件。特别是三亚和陵水一带，盛产各种珍珠贝。海南珍珠粒大质优，珍珠饰品有项链、耳坠、胸花、戒指等，工艺精细、晶莹华美，且档次齐全。另，还有可保健美容且价格较便宜的珍珠层粉。

六、蝶翅画和其他动植物标本

以蝴蝶翅膀为主要材料，利用其独特的花纹，采用特殊工艺拼贴成的有油画、国画、水粉画效果的工艺画。该画纯手工制作，原料珍贵，是高

< 蝶翅画

我爱海南

档艺术品，有较高的观赏价值和收藏价值，曾被故宫博物馆收存馆藏。目前海南制作的蝴蝶画有 200 多种规格和品种。海南森林覆盖率 51.5%，蝴蝶资源丰富，共有 500 多种，尤以尖峰岭、吊罗山等山区为最。各种蝴蝶中，金斑凤蝶、透翅宽带凤蝶、箭纹丽蛱蝶、啄蝶、紫光蝶等属于国内罕见品种。那些数量大而又不在国家保护品种之列的蝴蝶资源，为海南蝶翅画的生产提供了得天独厚的条件。

七、筒裙

筒裙是黎族妇女最喜爱的服装，民族特色浓郁。筒裙是用手工纺纱织成的裙子。由于裙头裙脚同样宽窄，无褶无缝，状似布筒，故名筒裙。筒裙有长筒、短筒之分。不管长筒、短筒，底色都只有黑、蓝二种，另用各种彩色线织成花、鸟、虫、兽、人物花纹或几何图案，色彩艳丽。每当喜庆节日，黎族姑娘身穿筒裙，衬以彩色头巾和绣边襟上衣，载歌载舞。绚丽的筒裙是黎族妇女勤劳智慧的结晶，代代相传，人人会织，她们只用简单的竹、木构成的"踞织机"，不用图样，就可织出精美的图案花纹。

八、蜡染和针绣

蜡染和针绣是苗族古老悠久的民间传统工艺，也是苗族同胞们最喜爱的装饰品。为制作蜡染，妇女们从山上采回特定植物，捣烂后配上其他颜料，经过发酵后制成色素染料，借助简陋的工具，经过反复几次的漂染和晾干，再用白蜡点缀，便可以将用土纺机织成的土布蜡染布成不同颜色的布料。海南省苗族妇女还在蜡染过的布料和蜡染布所裁制成的衣裙、头巾、腰布等服饰品上以变形夸张的手法，用鲜明的色彩线条进行针绣。针绣细致精巧，图案美观大方，题材多样，反映当地自然风光、飞禽走兽和奇花异木。

九、银饰

银饰是海南省苗族同胞最喜爱的装饰品。儿童爱戴银饰帽，年轻的姑娘爱戴银质耳环、插花、手镯。海南苗族同胞精心制作的银饰品工艺高超，品种繁多，富有民族传统特色和民族风格，图案优美，巧夺天工。

第六章

海南英杰　群星璀璨

　　海南自古为流放之地，至今保有纪念唐宋名臣的五公祠。他们万里投荒，不易其志，为海南岛的文化教育、经济发展做出了不朽的贡献。祠内还有历代文人的题咏和楹联，概括了五公的生平业绩，表达了后人的崇敬心情。

∧ 黄道婆塑像

第一节　赵佗

　　赵佗（tuó），东垣（今石家庄市东古城）人，精通武功韬略。秦始皇二十八年（前219年），年仅18岁的赵佗被封为50万大军的副帅。秦始皇三十三年（前214年），年仅23岁的赵佗被封为南海郡龙川县令。公元前208年，南海郡尉任嚣病故，赵佗续任南海郡尉，时年29岁。公元前204年，赵佗建立南越国，自称南越王，定都番禺（今广州），时年33岁。汉高祖十一年（前196年），赵佗被汉朝封为南越王，时年41岁。公元前183年，赵佗自称南越武帝，时年54岁。公元前179年，吕后死后，汉文帝刘恒即位，赵佗去帝号而复汉朝，仍称南越王，时年58岁。这就时说我们常说的赵佗归汉。汉武帝刘彻建元四年（前137年），南越王赵佗无疾乐终，葬于番禺东北，享年101岁，是中国历史上迄今为

赵佗塑像 >

海南英杰　群星璀璨

止王中第一大寿者。赵佗死后，由孙赵眜（《史记》作胡）及其后裔婴齐、赵兴、赵建德续任了四代南越王。汉武帝刘彻元鼎六年（前 111 年），南越国亡。

第二节　路博德

　　路博德，西汉西河平州（今内蒙古自治区准格尔旗境内）人。以右北平太守职跟随霍去病抗击匈奴有功，西汉元狩四年（前 119 年）封为邳离侯。元鼎五年（前 112 年）秋，武帝拜其为伏波将军，与楼船将军杨仆率几万大军南下，讨伐南越国丞相吕嘉叛乱。于次年冬平定，就其地设南海、苍梧、郁林、合浦、交趾、九真、日南诸郡。元封元年（前 110 年），又遣军自合浦、徐闻渡海，取得海南岛，朝廷在岛上设珠崖、儋耳两郡。从此海南正式列入中国行政管辖范围。海南历代有祠祭祀。

<伏波将军路博德塑像

我爱海南

第三节　马援

　　马援，字文渊，东汉扶风茂陵（今陕西省兴平东北）人。马援在历史上是一位杰出的军事家，赤胆忠诚，智勇双全，为平定南方叛乱、维护东汉统一有功，被朝廷封为伏波将军。马援初为郡督邮，东汉建武十一年（35年）任陇西太守，建武十六年（40年）入京师任虎贲中郎将。次年交趾女子征侧、征贰姐妹叛乱，攻下岭外 60 多个城池，征侧自立为王。建武十八年（42年），光武帝拜马援为伏波将军，统率楼船 2000 余艘、士兵 2 万余人南下征讨，次年初斩二征，平定南方。马援征战所经之地，均兴

马援塑像 >

117

117

117

修水利，修建城郭，申明汉律。此次南征为"抚定珠崖"起了积极的作用。建武二十年（44年）秋，马援凯旋京城，被封为新息侯，加食邑3000户。马援平生以"男儿当马革裹尸"自励，又先后出征匈奴、乌桓，屡立军功。马援62岁率兵出击武陵五溪蛮，病死军中。马援善相马、喜马，著有《铜马相法》。雷州一带及海南岛沿海地区流传着许多与其有关的传说，为其立祠建庙祭祀；并在海南儋州、东方等地留下诸多"伏波井"。

知识小百科

征侧　征贰

征侧和征贰是汉朝交趾郡麓泠县人。交趾也就是现在的越南北部。泠县大致在现在的河内一带。她们的父亲是雒将，也就是部落首领。交趾太守强硬推行汉朝法律，还把征侧的丈夫抓起来用汉法定罪。为了救丈夫，征侧遂起兵造反，一举打败了当地的官军，攻占了交趾郡，自封为女王。

第四节　冼夫人

　　冼夫人（约518—602年），名冼英，女。南北朝南朝高凉（今广东省电白一带）人。自幼贤明多谋，少年时即能率兵作战。南朝梁时，先劝说亲族为善，制止掠夺旁郡，渐渐盛名得旺，之后海南儋耳千余峒俚人慕名归附于她。冼夫人向朝廷请命，在西汉废除的原儋耳郡设置崖州（治所在今海南省儋县三都镇旧州坡），恢复了海南与中央政权的直接联系。梁大同（535—546 年）初年，冼夫人嫁给高凉郡太守冯宝，帮助其处理政务，诚约俚人守法遵礼，改造旧俗。冯宝死后，岭南大乱，冼领兵平乱，安抚百姓。南朝陈永定二年（558 年），冼夫人派其 9 岁儿子冯仆朝见陈武帝，陈武帝封冯仆为阳春郡太守。不久广州刺史欧阳纥谋反，胁迫冯仆一同叛乱。冼夫人闻讯说："我两代忠贞报国，岂能为了儿子而负了国家！"遂率各部首领配合陈朝军队击溃叛军。冯仆因母之功被封为信都侯加平越中郎将；冼夫人也被册封为中郎将、石龙太夫人。隋开皇九年（589 年），陈朝灭亡，岭南暂无所归附，数郡共同尊奉冼夫人为圣母，由其保境安民。隋文帝遣使安抚岭南，冼夫人派其孙冯魂迎使入广州，岭南之地尽归于隋朝。开皇十一年，冼夫人率兵平定番禺（今广州市）俚人王仲宣的叛乱，朝廷追封其夫冯宝为广州总管谯国公，夫人被册封为谯国夫人。其后番州（即番禺，今广州市）总管赵讷剥削压迫当地百姓，民怨沸起，许多俚人逃亡、叛乱。冼夫人上书弹劾赵讷，使之伏法，并持皇帝诏，安抚岭南十余州，俚人皆感动归附。文帝因此嘉奖夫人，赐临振县（治所在今海南省

冼夫人像 >

　　　　　　　　　　　　　　　海南英杰　群星璀璨

三亚市）1500 户为其汤沐邑，任其子冯仆为崖州总管、平原郡公。冼夫人为维护祖国统一、促进民族团结奉献了毕生的精力。冼夫人于仁寿二年（602年）卒，谥号诚敬夫人。岭南各地包括海南民众均立庙祭祀。据1990年统计，海南岛有冼夫人庙50余座。

第五节　鉴真

鉴真（688—763年），俗姓淳于，唐扬州江阳（今属江苏省）人。父为佛教徒。14岁随父到大云寺参佛，16岁在该寺当沙弥，18岁受菩萨戒，后随受戒和尚道岸学习律学。唐开元元年（713年）起，开始讲经弘法。开元二十一年（733年）后，成为江淮一带远近知名的受戒大师。天宝元年（742年），日本留学僧荣睿、普照来扬州拜谒55岁的鉴真，并敦请到日本传道弘法，得到鉴真同意，但前四次东渡均失败。天宝七年（748年）七月，鉴真开始第

<鉴真

我爱海南

五次东渡，从扬州崇福寺出发，经舟山群岛暂歇3个月后，航行海上遇台风，向西南方漂流14天，到达海南岛南端的振州（治所在今海南省三亚市崖城镇）宁远河口。当地佛教徒、振州别驾冯崇债特派400甲兵迎护入城，设斋供养，在大云寺安置起居。时寺院破败，鉴真遂帮助重修，并在寺里传授佛法和建筑、医药、工艺美术知识。一年后，起程北返，冯崇债亲自率兵护送往万州（治所在海南省万宁县），受到万州首领冯若芳热情款待，在东山岭逗留3日讲经传道。到达崖州（治所在今海南省琼山县旧州镇）后，受到游奕大使张云的迎谒，重建开元寺，传授佛法。数月后从澄迈县渡海，经广东、广西、江西回到扬州。有《唐大和上东征传》记其事。

第六节　黄道婆

　　黄道婆又称黄婆，生于南宋末年淳祐年间，约1245年，松江府乌泥泾镇（今上海徐汇区东湾村）人。黄道婆出身于贫苦农民家庭，幼时就被

> 海南大型民族舞剧
《黄道婆》

　　　　　　　　　　　　　　　　海南英杰　群星璀璨

∧ 黄道婆墓

卖给人家当童养媳。后不堪丈夫、婆婆的虐待逃至崖州，即现在的海南崖县。淳朴热情的黎族同胞十分同情黄道婆的不幸遭遇，接受了她，让她有了安身之所，还把他们的纺织技术毫无保留地传授给她。黄道婆聪明勤奋，虚心向黎族同胞学习纺织技术，并且融合黎汉两族人民的纺织技术的长处，逐渐成为一个出色的纺织能手，她在黎族地区生活了将近40年。

在元朝元贞年间，怀念故乡的黄道婆从崖州返回故乡，回到了乌泥泾。黄道婆重返故乡时，教人制棉，传授和推广"擀、弹、纺、织"之具和"错纱配色，综线挈花"等织造技术，很快使淞江一带成为全国的棉织业中心，历几百年而不衰。当时称淞江布匹"衣被天下"。黄道婆去世以后，松江人民感念她的恩德，在顺帝至元二年（1336年）为她立祠，岁时享祀。后人誉之为"衣被天下"的"女纺织技术家"。

第七节　邢宥

邢宥（1416—1481 年），字克宽，号湄丘，明琼州府文昌县水北都（今海南省文昌县文教镇）水吼村人。少时勤奋聪敏，5 岁读《三字经》，10 岁能诗，14 岁补文昌邑庠生。明正统六年（1441 年）乡试中举，十三年登二甲进士第，入刑部任职。次年，任四川道监察御史。景泰元年（1450 年），邢宥参加处理宦官王振被诉其家人窝藏财物案，经多方细密查对，纯属假案，为被诬告者 20 多人辩白，初露头角。天顺四年（1460 年），升任台州（今浙江省临海县一带）知州，在纷繁案件中能逐一公正审理，民甚信服。天顺七年（1463 年），受诬告降职，调任福建晋江县令。成化元年（1465 年），遇赦复职，改任苏州知州。不久升都察院左佥都御史，奉命出巡江南 11 个府，总理南畿兵民财赋和嘉、湖、杭 3 个府粮储，提督屯种，整顿江浙盐政，考察任免江南各府文武官吏，政绩显著。

1470 年，邢宥辞官回故里海南。在水吼村后东昆港北湄山丘上盖"湄丘草亭"，自号"湄丘道人"，以读书写作自娱，至晚年仍手不释卷。著有《湄丘集》10 卷，今存 2 卷。其死后，宪宗命礼部备牲仪，翰林院撰文，遣官谕祭。

第八节　唐胄

　　唐胄（1471—1539 年），字平侯，号西洲，明琼州府琼山县东厢（今属海南省海口市攀丹村）人。明弘治十五年（1502 年）考中进士，授户部主事。不久因父丧归家守孝。弘治十七年（1504 年）丧服期满，时宦官刘瑾擅权，唐胄因称病谢绝返京任职被罢免。正德五年（1510 年）刘瑾伏诛后，唐胄被朝廷复留用，又目睹朝政腐败而无意当官，以母亲需要侍奉为由返

<唐胄像

我爱海南

乡。居家 20 年，致力搜集地方文史，撰铭刊书，编成著名的《琼台志》。还创建养优书院，教育后学。嘉靖元年（1522 年），应召赴京，历任户部河南司主事、广西提学金事、云南金腾副使等职，再擢云南右参政、右布政使。嘉靖十一年（1532 年）任广西左布政使，十二年升任都察院右副都御史。仅半年改任山东巡抚，时黄河泛滥成灾，唐胄千里跋涉寻觅黄河故道，疏通三郡水，引灌荒田，变患为利，并发耕牛、种子，鼓励垦荒，发展农业，政绩显著。嘉靖十四年（1535 年），转任南京户部右侍郎，次年春调任北京户部右侍郎，秋转为左侍郎。时安南（今越南）遣使告莫登庸篡权，世宗欲发兵征讨，唐胄疏陈 7 条理由，竭力诤止。嘉靖十七年（1538 年），世宗决定以生父"献皇帝"入祀明堂，唐胄冒死抗疏，被革职还乡。著作除《琼台志》外，还有《广西通志》、《江闽湖岭都台志》、《西洲存稿》等。《明史》称之为"岭南人士之冠"。

第九节　丘浚

丘浚（1421—1495 年），字仲深，号琼台、琼山、深庵，世称琼台先生，明琼州府琼山县（今海南省琼山县府城镇）下田村人，明代著名政治家、思想家、经济学家、史学家、文学家，因死后谥号"文庄"，故后人又称"丘文庄"。

丘浚不仅是海南丘氏的杰出人物，更是海南老少皆晓的著名历史人物，与海瑞合称"海南双璧"。他官至文渊阁大学士、武英殿大学士，掌握宰相实权。在文学方面有"诗文满天下"的称号，但他自己以精通经济而自负，最早提出了"劳动决定价值"的理论观点。

< 丘浚故居

丘浚6岁丧父，母亲李氏守节安贫，由祖父和母亲抚养，家境贫寒，借书苦学，博览群书，过目成诵。少年作《五指山》诗，冠绝一时。史称"三教百家之言，无不涉猎"，"凡天下户口、边举、兵马、盐铁之事，无不究诸心意"。明正统九年（1444年），丘浚乡试中首名举人（解元）。景泰五年（1454年），丘浚科中进士，廷试当为一甲及第，因策中微触时讳，被以貌寝（面貌难看）为由改二甲第一，选为翰林院庶吉士，参与编纂《寰宇通志》。书成后任翰林院编修。天顺八年由经筵讲官升侍讲官。成化元年（1465年），受命编纂《英宗实录》，为于谦受诬辩白，而直书其功劳。成化十三年（1477年），授翰林院学士，编修《宋元通鉴纲目》。成化

我爱海南

十六年（1480年），丘浚加封礼部侍郎、国子监祭酒。为官多年，潜心研究历代政治、经济、文化、教育、司法、军事等，1487年，编成《大学衍义补》160卷，受到孝宗皇帝的嘉赏，称为"治世之文"，被晋升为礼部尚书，主编《宪宗实录》，时年71岁，3次上书请求致仕未准。弘治四年（1491年），丘浚加封太子少保，不久兼任文渊阁大学士（当相宰相），参与国家军机决策，为尚书入阁者之始。他请求革除弊政，备荒备灾，增强国力，均得皇帝采纳。弘治七年（1494年）加封少保兼太子太保，不久改任户部尚书，武英殿大学士入阁行相权。74岁时右眼失明，再次上疏请求致仕，仍未获准，加封太子太保兼户部尚书、武英殿大学士。弘治八年（1495年）春，丘浚在北京病逝。明孝宗闻讣为之哀悼不已，竟停止上朝一日。追封左柱国太傅，谥文庄。御赐葬于琼山县府城西8里水头村五龙池之源。丘浚为官40余载，清廉刚直，有"布衣卿相"之誉，被祀为琼州府乡贤。

明代史籍称："丘文庄公有三不可及：一、毕生好学，至老手不释卷；二、诗文满天下，不为显贵作；三、任官四十年自处如韦布，身后治装惟遗图书数万卷，其廉介可知。"

第十节 钟芳

钟芳（1476—1544年），字仲实、中实，号筼溪。原籍琼山县，出生于崖州高山所（今海南省三亚市崖城镇水南村）。幼年丧母，寄居外亲黄家抚养，又名黄芳。自幼聪颖好学，10岁入崖州州学。明弘治十四年（1501年）乡试第二名，正德三年（1508年）殿试赐二甲进士第三名，选为翰林院庶吉士，授编修。"一时名动京师，盖谓丘文庄后又一南溟奇才"，时人敬称"钟进士"、"钟崖州"。曾任代理吏部稽勋司郎中、考功司郎中、漳州府同知、知府等职。任宁国府推官时积极清理积案，严惩贪赃枉法者。正德十六年（1521年）任浙江提学副使，致力革除科考弊端，坚持"德才兼优"选用人才，使当时学风焕然一新。嘉靖二年（1523年）任广西布政司参政，及时消除虎患，百姓念其功德，为他雕塑石像。不久调任江西右布政使。九年（1530年）升任南京太常侍卿，翌年兼任国子监祭酒。嘉靖十一年（1532年）升任南京兵部右侍郎。第二年改任户部右侍郎，奉旨总督太仓，奏请朝廷赈灾抚民，缓和了灾民因干旱引起的困苦。嘉靖十三年告老退乡，迁居原籍琼山县，以读书为乐。著作涉及政治、经济、文化、医学、军事等领域，其中《春秋集要》、《学易疑义》、《续古今经要》、《少学广义》、《崖州志略》、《养生经要》、《读书札记》等20卷行世，被誉为"上接文庄下启忠介"的"岭海巨儒"。卒后追赠都察院右都御史，赐葬于琼山县东山镇钟宅坡。

第十一节　海瑞

海瑞（1514—1587年），汉族，字汝贤、国开，自号刚峰，明琼州府琼山县（今海南省琼山县府城镇）人。明代名臣、政治家。他一生刚直不阿，被人称为"南包公"、"海青天"，史称海南四大才子之一。

海瑞4岁丧父，由母亲谢氏抚教成人，自幼攻读诗书经传。明嘉靖二十八年（1549年），以《治黎策》考取举人。嘉靖三十二年（1553年）出任福建南平县儒学教谕，主张师道尊严，作《教约》、《规士文》等以严肃校规。嘉靖三十七年（1558年）春，出任浙江淳安知县。

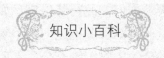
　　海南四大才子是指明清时期海南籍的四位名臣，亦称为"海南四绝"，有：丘浚学识渊博，著作等身，世称"著绝"；海瑞为官清廉，耿直忠心，世称"忠绝"；王佐勤奋笃学，以诗文出名，世称"吟绝"；张岳崧笃学不倦，精通书法，世称"书绝"。

　　明朝嘉靖年间，总督胡宗宪的儿子带着一队人马来到淳安。驿站官员不知道来者是谁，接待上稍有怠慢，惹得胡公子大怒，当场命令家丁把驿吏五花大绑，吊在树上，用皮鞭狠狠抽打。淳安知县海瑞听说后，马上赶到驿站，立即命令给驿吏松绑。胡公子趾高气扬，挥着马鞭，说："你知道大爷是谁吗？"海瑞指斥道："不管你是谁，都不准在我管辖的地方胡作非为！"胡公子手下的家丁威吓说："狗官，你瞎了眼！这是胡总督胡大人的公子！"海瑞一听冷笑道："哼，以往胡大人来此巡查，命令所有

海瑞塑像 ＞

地方一律不得铺张。今天看你们如此行装威盛，如此胡作非为，显然不是什么胡大人的公子，定是假冒的！"说完便挥手喝令将胡公子拿下，驱逐出境，并把他沿途勒索的金银财物统统充公。事后，海瑞马上给胡宗宪修书一封，说："有人自称胡家公子，沿途仗势欺民。海瑞想胡公必无此子，显系假冒。为免其败坏总督清名，我已没收其金银，并将之驱逐出境。"胡宗宪是一代抗倭名将，他收到信后并不怪罪海瑞。

1562年，海瑞调任江西兴国知县。任上，他考察地理民情，制定《兴国八议》，提出改革方案和治理措施，严惩违法活动。嘉靖四十三年（1564年）十月，海瑞任户部云南司主事，曾上书批评世宗迷信巫术，生活奢华、不理朝政等弊端。

当时，明世宗在位时间长了，不去朝廷处理政务，专心设坛求福。嘉靖四十五年二月，海瑞单独上书，指出嘉靖皇帝所犯的错误。嘉靖皇帝读了海瑞上书，十分愤怒，把书扔在地上，对左右说："快把他逮起来，不要让他跑掉。"宦官黄锦在旁边说："这个人向来有傻名。听说他上书时，自己知道冒犯该死，买了一口棺材，和妻子诀别，听候朝廷治罪，奴仆们也四处奔散没有留下来的，他是不会逃跑的。"皇帝听了默默无言。过了一会儿又读海瑞上书，一天里反复读了多次，为上书内容感到叹息，遂把上书留在宫中数月。同时逮捕海瑞关进诏狱，狱词送上后，仍然留在宫中不发布。户部有个司务叫何以尚的，揣摩皇帝没有杀死海瑞的心意，上书陈请将海瑞释放。皇帝大怒，命锦衣卫杖责一百，关进诏狱，昼夜用刑审问。过了两个月，嘉靖皇帝死，明穆宗继位，海瑞和何以尚都被释放出狱（详见《中国历史大辞典》）。

隆庆三年（1569年），海瑞调升右佥都御史，他一如既往，惩治贪官，打击豪强，疏浚河道，修筑水利工程，并推行一条鞭法，强令贪官污吏退田还民，遂有"海青天"之誉，深受百姓的爱戴。后被排挤，革职闲居16年之久。万历十三年（1585年），海瑞重被起用，先后任南京吏部右侍郎、南京右都御史。后病死于南京。

海瑞临死时，别人问他有什么遗言，海瑞说的是欠了户部5钱柴火钱。死后，整理遗物时，箱内仅存俸银十多两和旧袍数件。朝廷追赠其为太子太保，谥号忠介，奉旨归葬琼州，同乡许子伟护柩归里。丧船出行时，长江两岸站满了穿丧服的人群，百姓为之祭奠，拜哭者百里不绝。

第十二节　林缵统

林缵统，字承先，号天民。咸丰二年（1852年）出生于北村一个书香世家。少年丧父，却天资聪颖，善解人意。弱冠之年参加郡试，知府当场阅卷"风取列第一"。其后，入广雅书院读书，其间听了康有为的演讲，毅然跟随康有为走上变法维新之路。1894年，林缵统参加省城考试，高中

林缵统 >

举人。1895年春，林缵统与康有为等举人联名上书皇上，要求皇上"下诏鼓天下之气，迁都定天下之本，练兵强天下之势，变法成天下之治"。签名者1300余人。林缵统为率先签名第六人（见《公车上书记》）。

维新变法失败后，清廷开始大肆捕捉维新党人，康梁分别逃至香港和横滨，谭嗣同等六君子被杀，林缵统千里迢迢脱身回到崖城，继而被革除举人功名。

林缵统赋闲乡里，不忘报国，曾多次约友人同到万宁、琼海等地召集商贾议事，筹划开发西沙群岛，连续两次试航西沙，皆失败。后来他仍继续为此事奔走呼号不息。1922年，病故，享年70岁。

第七章

山清水秀　风光旖旎

　　山青水秀的海南岛，犹如一颗璀璨的明珠，镶嵌在浩渺的南海上。宝岛大地，步步皆诗，处处是情。辽阔的海域，旖旎的风光，给你梦幻般的遐想……碧海、沙滩、阳光、蓝天浑然一体，椰林、绿野、渔帆、鸥燕交相辉映，使你在大自然中流连忘返……

∧ 三亚亚龙湾潜水

第一节 火山地貌景观

海南岛北部处在雷琼断陷，自6500万年新生代以来，火山喷发活动频繁，火山岩分布面积达4000多平方公里。由于经历多期火山喷发活动，形成的火山口三五成群或单峰独秀，发育的火山熔岩隧道纵横交错，在火山熔岩台地上，形成了巍峨壮丽的火山地貌奇观景色。

一、火山口地貌景观

海南岛北部火山岩地区分布的火山群有死火山50多座，三五成群或单座独秀，甚为壮观。其中，石山马鞍岭火山口、雷虎岭火山口、罗京盘火山口保存最为完整。

石山马鞍岭火山口位于海口市西南15公里处的马鞍岭，由风炉岭和包子岭两座火山锥相连构成，似马鞍状而得名。马鞍岭火山口风炉岭海拔

马鞍岭火山 >

山清水秀 风光旖旎

< 罗京盘火山

高度222.2米。火山口底座呈圆形，直径500米，环形火山口直径130米，上宽下窄，成漏斗状，深69米。在火山口的东北面遗留有一个V形开口通道，这是当时火山喷发熔岩浆外流之出口。马鞍岭火山由气孔状橄榄玄武岩及火山碎屑岩组成。在马鞍岭火山口西南山脚下，见有一对寄生火山口，是马鞍岭火山后期喷发形成的寄生火山口，形似一副眼镜，又名眼镜岭。马鞍岭火山口是我国保存最好的古火山口之一，这里的火山奇观和山脚下的现代园林建筑，巧妙融合构成了热带特色的火山公园旅游胜地。

雷虎岭火山口和罗京盘火山口，位于琼山市永兴镇南几公里处海榆中线公路的西侧。雷虎岭火山，锥底椭圆形，长轴北西向，长700米，宽500米，火山口直径220米，深52米。罗京盘火山口，锥底座圆形直径1000米，火山口直径500米，深30米，呈盂状负地形，像一座天然露天足球体育场，甚为壮观。

二、火山熔岩隧道景观

琼山市石山镇至十字路镇一带的火山地貌中，发育有十几条火山熔岩隧道。其中石山镇附近分布的"仙人洞"和"卧龙洞"，十字路镇附近分

仙人洞 >

布的"火龙宫",规模最大,最雄伟壮观。仙人洞,长达1216米。卧龙洞,长达1900米。这两条熔岩隧道大概相间约300—360米,以弯曲状由高向低,自东南向西北方向延伸分布,宛如"双龙出海"。熔岩隧道宽1米至数米,局部宽达41米,高几米至六七米。隧道因受古地形沟谷控制有分支交会现象。

隧道中有熔岩浆流动过程生长的熔岩石钟乳,洞壁发育绳状熔岩,局部出现天井、天然拱桥、陷漏斗等奇观;十字路的"火龙宫",其"北宫"长35米,底宽16米,高2.8米;"东宫"长23米,底宽20米,高3米。洞内熔岩怪石奇特壮丽。关于熔岩隧道的成因,是由于火山熔岩流从火山口喷发溢出时,受古地形沟谷所控制,当熔岩流沿沟谷向低处流动时,随着温度和压力降低,熔岩流表部易冷却凝固形成薄壳,在火山喷溢作用减弱或停顿时,补充于薄壳内熔岩浆不足或停止,原滞留在薄壳内的熔岩浆受沟谷落差关系影响,继续向前往低处流动直至凝固消失,留下的空洞和

<熔岩隧道

外壳便形成火山熔岩隧道。在熔岩隧道的顶部及两壁还发育一些奇特的波状小弯曲，可能是另一次火山物质压盖，壳体受热力和重力联合作用的一种塑变现象。这些熔岩隧道的火山奇观，不仅造就出仙人洞、卧龙洞和火龙宫等的旅游景观，还对地质科学考察研究具有重要意义。

三、白沙陨石坑

　　白沙陨石坑位于牙叉镇东南 9 公里白沙农场境内，该陨石坑呈环形，直径 3.7 公里，底盘为下白垩统鹿母湾组紫红色砂岩。坑内，海拔 380 米以上的山顶普遍保存有空降角砾岩。一般砾径 30—50 厘米不等。角砾岩之下是经位移的冲击角砾岩，包括灰白色冲击变质角砾岩和轻度变质的浅紫色角砾岩。陨石坑为距今约 70 万年前一颗小行星坠落此处爆炸而成；陨石自天而降，冲击大地，造成岩石碎裂熔化，岩浆溅射四周。陨坑内还发现分布一些陨石残块，含大量橄榄石、辉石、具球粒结构，初步定为橄榄石、辉石球粒陨石。陨石坑周缘环形山脊连续较好，仅在西南缘受两条

我爱海南

白沙陨石坑 >

溪河冲刷而出现豁口。置身于陨石坑内，举目四望，但见郁郁葱葱，低缓山坡上，茶树密布，排列成行，绿意盎然。

　　科学家对撞击白沙大地的"天外来客"的大小进行了科学估算，认为是直径380米的陨石。同时经测算指出，撞击能量差不多相当于360颗投放在日本广岛上的原子弹。白沙陨石坑有许多谜团，还有一些神秘现象。如在溅射覆盖层堆积最厚的峨剑岭西侧，手表在此被磁化，摄像机在此自动关机不能正常工作，离开此处便恢复正常。海南白沙陨石坑不但发现有陨石，而且坑形地貌以及撞击形成岩石变质与震裂构造十分明显，较之陨石雨内容更为丰富，是一处珍稀的在地表显现的太空旅游资源，具有重要的科学研究价值。

四、地震遗迹——海底村庄

　　海底村庄位于琼山市东北海岸的东营港、北创港、东寨港和文昌市铺前港等地的波涛之下，隐藏着72个"海底村庄"。这是1605年琼州大地

<海底村庄

震使陆地沉降于大海所造成的后果。在离东寨港不远的海滩上,能见到一座古戏台,石板上已布满了海蚝等海生动物;从东寨港北上,在铺前湾海岸以北4公里左右约10米深水下,有一个叫"仁村"的古村庄,透过海水村子的庭院及房屋遗迹依稀可辨;在铺前湾与北创港之间的海底有一座"贞节牌坊"屹立水下。据研究和史书记载,1605年7月13日午夜,琼州发生7.5级大地震,震中在琼山市塔市和文昌市铺前之间。发震断裂为近东西走向的光村—铺前断裂,其北侧块体整个下陷成海,面积达100多平方公里,最大陷幅达9米。这种震后遗址是考察和研究近代地震的震级及裂度的最好场所。"海底村庄"是一处具有开发潜力的诱人的海底旅游区。

第二节　岩溶景观

海南岛在昌江、东方、保亭、三亚等县市有碳酸盐岩类分布的地区,已发现有多处很高观赏价值的岩溶洞穴地质景观。

我爱海南

一、皇帝洞

　　皇帝洞位于昌江县王下乡牙迫村东约1公里南尧河边的陈由岩下，是一发育在二叠系石灰岩中的岩溶洞穴，离地面约15米，有小路直通洞口。洞口海拔高250米。洞穴由西向东延伸，洞宽约60米，深130米，高25米，总面积7800平方米，可容万人。洞外群山环抱，流水潺潺。洞内石柱、石笋、石钟乳众多，形如仙女、猴子、观音菩萨……千姿百态，妙趣横生。洞顶栖息着成群的蝙蝠，洞内东面有一天窗，阳光直射洞底，称之为"一洞天"。在洞的东南方，有一自然形成的15级台阶，有一平台上有90米长的"太师椅"，两侧站有两排石卫士，椅上坐一石人，酷似皇帝登居，"皇帝洞"以此得名。亦有人称之为"地下皇宫"。在洞内已发现石斧、石网坠以及汉代印纹硬陶残片等器物。昌江县人民政府于1986年将该洞列为汉代遗址保护点。

　　该洞位于东西向牙迫断裂北侧，石灰岩地层强烈褶皱。皇帝洞洞口上方的陡壁上出露完好的大型平卧褶皱，十分壮观。

皇帝洞 >

　　　　　　　　　　　　　　　　　山清水秀　风光旖旎

二、猕猴洞

　　猕猴洞位于东方市东风林场东约 600 米公路北侧约 50 米之山坡上。洞口海拔 380 米，是发育在二叠系石灰岩中的一个溶洞。洞穴迂回曲折，总长约 600 米，面积约 2000 平方米。进洞 5 米处有一仙女石像，其形貌慈祥，面露笑容，据说是黎族始母的化身石。猕猴洞内有两个主要的洞厅。前洞厅里石笋丛生，形态各异。有的像群马奔腾，有的像猛虎下山，有的像雄狮盘坐。最有趣的是有一群猕猴石像，好像经过精雕细琢似的，个个栩栩如生，惟妙惟肖。猕猴洞以此得名。后洞厅面积较大，厅内平坦，可举行舞会。洞中石钟乳、石幔晶莹剔透，别具一格。后洞厅还连着两个小洞厅，其内有一石柱，犹如一口古钟，用手重击，可以发出浑厚的响声，余音袅袅。作为洞穴旅游资源，猕猴洞在海南省有很多奇特诱人之处。

三、仙女洞

　　仙女洞位于昌江县保由村西约 1.4 公里，当地亦称之为"爱情洞"、"仙人洞"。为一发育在二叠系灰岩中的溶洞。洞口离地面高约 8 米，海拔高度约 110 米。洞穴由北向南延伸，明显受南北向小断层控制。主洞口宽 3 米，高 20 米，宛如一高大长廊，从洞口向外看，犹如一亭亭玉立之仙女侧立洞口，故得名仙女洞。向里走 6 米许，有一"莲台状"巨大石柱，底部直径 8 米。再向里走约 200 米有一宽阔的长厅，厅底缓缓上升，厅顶有三个穹珠状的天窗，天窗周围，钟乳悬挂，华彩多姿。洞底堆积物很厚，除较厚的鸟粪堆积外，还有含生物化石的钙质粘土堆积。经专家鉴定，这些化石主要是脊椎动物和蚌类。

我爱海南

四、仙龙洞（千龙洞）

仙龙洞地处五指山南麓的保亭县毛感乡千龙苗村附近，海拔500—700米。这里四季如春，风景优美，是一发育在志留系石灰岩中的溶洞穴。溶洞全长400多米，鬼斧神工，造型奇特。洞分上下两层，上层旱洞，由"龙门厅"、"龙王殿"、"凯旋门"、"登天宫"、"通海长廊"等串珠式大小6个洞厅组成。最大洞厅长50多米，宽30米，高40多米，可容纳千余人。洞中有洞，气象万千，神秘奇特。洞厅里石柱如林，石花缤纷。石笋、石塔、石幔、石钟乳彩色纷呈。"龙王探宝"、"仙女下凡"、"石羊吮乳"、"灵芝宝石"等巧石胜于人工雕琢。沿着洞厅逐级而上，便是一洞一重天的景象。下层则是宽窄不一的廊道。峡谷、天桥、暗河、跌水参差其间。洞外古树参天，奇花异草，流泉飞瀑组成一片令人心醉神迷的图景。洞穴处有一口奇幻美妙的仙女浴池，水深2米左右，清澈透底，鱼若空浮，堪称奇绝。

五、落笔洞

落笔洞位于三亚市北东约10公里，交通较为方便，系早古生代早奥陶世牙花组灰岩孤峰。中藏溶洞，大小不等，有"落笔洞"、"仙郎洞"、"仙女洞"、"宫殿洞"、"通海洞"等。

落笔洞地质环境为早古生代石灰岩。富含 CO_2 的地下水或大气降水，在一定温度、压力条件下，沿着石灰岩层裂隙流动时，与石灰岩中的钙质起化学作用，生成易溶于水的重碳酸钙随水迁移。地下水慢慢顺着岩层裂隙不断溶蚀，后期并伴有机械侵蚀而发生崩塌。天长日久，便形成了形态

　　　　　　　　　　山清水秀　风光旖旎

< 落笔洞

各异的洞穴。落笔洞内有三层溶洞，层与层之间有竖洞相通，甚为壮观。

　　落笔洞还有悠久的历史。据考察，洞内有旧石器时代动物化石和古文化遗物。黎族人民把它视为洞天福地。它集旅游景观与科学、历史、文化于一体，是一处具有开发魅力的旅游胜地。

第三节　滨海地貌景观

一、假日海滩

　　假日海滩位于海口市西郊的滨海大道西延线之北侧，长约 6 公里。海滩由上全新统烟墩组浅黄色中细砂组成，出露宽度 30—50 米，厚度 1—5 米。

我爱海南

这里阳光和煦，海水水温宜人，波浪适中，沙滩洁净松软，水下浅滩坡度平缓，是上好的沙滩日浴场所和海上风景观赏区。岸上防护林带风吹婆娑，绿树浓荫，漫无尽头，景色怡人。

沙滩为滨海沉积物，形成于距今 260 万年—2360 万年的晚全新世。新构造运动使地壳发生差异升降，沉积沙层部分露出海面，成为现在的海边沙滩。

二、天涯海角

天涯海角位于三亚市西郊 22 公里处的海边。这里背倚马岭，南面大海。沙滩、礁石群、海中礁、海滩岩和岬角构成奇特的滨岸地貌景观。雪白色的沙滩宽度 30—50 米，长度 700 余米，砂质纯洁，沙层松软；上百块巨岩奇石峥嵘壮观，或兀立于沙滩之上，或半淹于海水之中，潮涨潮落，任凭风吹浪打，巨石峭壁之上留有清代的"天涯"、"海角"石刻，有傲立苍穹的"南天一柱"。

天涯海角 >

山清水秀　风光旖旎

<南天一柱

礁石群的岩性为二长花岗岩，其形成于燕山期。原是马岭山体往南突伸部分。晚更新世以来，发生过三次海侵，这些遭受长期风化剥蚀和长期海水海浪浸蚀的花岗岩，矿物沿方向不同、疏密不一的节理脱落，遂形成了形态各异的海蚀石、海蚀柱、海蚀平台等地貌奇观。

在天涯海角的东南方，有一片海滩岩呈板状向大海倾斜，倾角5°左右，是潮间带石化了的沉积碎屑物。其形成年龄为距今4170万年—3810万年的中全新世。海滩岩的位置已高出海平面5—7米，这是海陆变迁的佐证。研究认为，距今4170万年的中全新世的古海平面海水应比现在海平面海水高出5—7米。天涯海角不仅是著名的旅游胜地，也是科学考察的好地方。

三、大东海

大东海位于三亚市区3公里处海湾，三面环山，南面大海，海阔天空。椰树、阳光、碧水、沙滩构成迷人的热带风光。沙滩绵延长约3公里，宽度20—30米，呈5°—8°向海倾斜。砂层细腻柔软，洁白如雪。系经海流、

我爱海南

大东海 >

潮汐簸选、搬运沉积，形成于距今260万年—2360万年的晚全新世。这里冬季海水温度在18℃—22℃，是冬泳避寒休闲胜地。大东海的浅海域适宜珊瑚生长，现已被国家列为珊瑚重点保护区，是观赏、研究现代珊瑚生态环境的好地方。

四、牙龙湾（亚龙湾）

牙龙湾位于三亚市东约30公里。为一半月形的大型海湾，长度约10公里。三面青山环抱，东端为牙龙角，西面为白虎岭，宛如两条游入大海的苍龙，湾内出口处有几个小岛为屏，状若双龙戏珠。山体的岩性为印支期、燕山早期及燕山晚期的二长花岗岩。沙滩开阔，洁白晶莹，细腻柔软，绵延达8公里长，沙滩边缘点缀丛丛仙人掌，秀美如画。这里风平浪静，海水湛蓝，能见度达8—9米，是海滨日浴的绝佳场地，被誉为"不是夏威夷，胜似夏威夷"。海蚀岩是一奇观，长期受海浪冲击浸蚀，花岗岩被雕造成"刺猬出洞"、"巨鳄望日"等景物，形态逼真，

<　亚龙湾潜水

栩栩如生。湾内生长有130余种珊瑚，这种"海底森林"色彩斑斓迷人，更是各式鱼类聚居的好场所。

五、小洞天

　　小洞天位于三亚市西40公里处的海滨。这里山海相连，景色亮丽迷人。崖州湾弧弦百里，碧波万顷；鳌山云海林翠，石奇洞幽。

　　小洞天的地质环境为中粗粒斑状花岗岩，形成年龄为距今约1.87亿年早侏罗纪，经受了漫长的风化作用。在距今19.1万年—1.27万年的晚更新世、4170万年—3810万年的中全新世及260万年—2360万年的晚全新世发生的三次海侵事件，小洞天花岗岩经海浪这个能工巧匠的精雕细琢，造就了姿态万千、令人赞叹的海蚀奇观。供观赏的有小洞天石室、仙人迹、仙梯、试剑峰；有石船、钓台、海龟蛋、海龟出海等。形态逼真，巧合天成，自然成趣。游览区内留有历史上名人诗文摩崖石刻多处。

我爱海南

六、香水湾

香水湾位于陵水县东部，距县城 18 公里。因香水岭流来的泉水注入海湾而得名。这里青山起伏，椰林婆娑多姿，由上全新统烟墩组中细砂组成的银白色的沙滩漫无边际，波光粼影，景色格外怡人。香水湾一带全是海西—印支期花岗岩，经风化和海蚀作用，在铜岭脚下造就出"擎天石"、"龙王椅"、"石亭"等奇特景观。铜岭顶端是牛岭，隔海与分界洲岛遥遥相望。分界洲海水碧蓝，巨岩连片，岩洞相通。洞边参天古树浓荫蔽地。登临此地，如入蓬莱仙境。香水湾边有口"仙人井"，离海边仅数步远，泉水甘甜可口，大旱之年也不干涸。

七、石梅湾

石梅湾位于万宁市东南方，距万城 30 公里。这里三面环山，一面向海，山形秀美，植物繁茂，有大片椰林、橡胶林，沙滩上天然生长着世界仅存面积最大的珍稀林木（青皮林）。已被列为国家级自然保护区。

石梅湾一带由海西—印支期花岗岩组成，在长长的海湾两端，各向海中伸出两座峰峦。港湾平时风平浪静，滨海沙滩一片雪白，百米内水深不过 3 米，海滩长约 7 公里，是天然的滨海日浴场所。沙滩由海流搬运，经波浪簸选沉积，形成于距今 260 万年—1360 万年的晚全新世。对面三角区不远处有一加井岛，岛边浪花簇拥，白鸥点点，海蚀花岗岩石千姿百态。

八、神州半岛

神州半岛位于万宁市南 30 公里。半岛三面环海，一面陆地，面积 24 平方公里。这里除海拔 218 米的牛标岭有海西—印支期花岗岩外，一片银白色沙土，地形平坦，少植被。全年刮东南风，雨水充沛，年平均气温 27℃。已发现泉眼 8 处。

神州半岛最奇的还是千奇百怪的海蚀岩。离海岸几十米远的石岛，有公鸡石、钓鱼石、观鱼石、乌龟石等等，随着潮起潮落，变化万千。神州半岛海湾碧波映照，沙白滩阔，加之奇岩怪石的点缀，景色格外迷人。

九、冯家湾

冯家湾位于文昌市会文镇烟墩圩东南，距文城镇 26 公里。它坐落于晚全新世烟墩组海积沙滩之上。这里是一个天然海湾，海岸线长 2 公里，湾内波平浪静，海水清碧，海滩坡度平缓，200 米之内水深不超过 2 米；湾内椰树挺拔，婆娑婀娜多姿；西边是毛陆岭，海西—印支期花岗岩重岩壁立，仪态万千。冯家湾集阳光、沙滩、海水、巨岩、绿树于一体，是观海、游泳的好地方。目前冯家湾正在兴建一大批旅游设施。

十、临高角

临高角位于临高县城东北约 10 公里处。临高角三面环海，是海南岛突出于琼州海峡的一个岬角，顶端伸出 250 米长的天然拦潮礁石堤直插大

海。岩石为晚更新世玄武岩组成。这里有上全新统烟墩组上千米海滩，海水澄澈，沙白柔洁，椰林洒绿，阳光充足，是海南西海岸的天然泳场之一。沙滩西边叫"大鹏湾"，风平浪静；东边谓"南海秋涛"，波涛滚滚，秋风吹处，涛声不绝，是临高县八景之一。岸边屹立古烽火台，还有百年前建造的国际航海古灯塔。

第四节　瀑布

一、百花岭瀑布

　　百花岭瀑布位于琼中县城西南面 6 公里，因瀑布喷出的水像花雨而得名。这里山势巍峨，百花岭主峰海拔 1100 米，山体为海西—印支期花岗岩石。百花岭瀑布形成是在地壳的缓慢上升过程中，花岗岩沿着近于垂直溪流的裂隙面，经受长期的风化剥蚀特别是流水的冲刷作用，先形成阶梯，使流水的冲刷作用加剧，进一步发展为瀑布。百花岭瀑布的源头在海拔 700 米的第二高峰上，由宽 20 多米、落差达 300 米的三级瀑布组成。溪水至此，若天河开闸直下三级，蔚为壮观。各级瀑布形态各异，名曰金龙吐珠、神丹妙药、仙女散花，然后泻入深潭，激起一片白雾。

　　　　　　　　　　　　　　　山清水秀　风光旖旎

二、红坎瀑布

红坎瀑布位于白沙县元门乡东南面，距县城 24 公里。这里峰峦矗立，瀑布发源于海拔 1101 米的红坎岭，落差 145 米。站在瀑布下仰望，宛如一条巨龙自天而降，化作雪花四溅，璀璨晶莹，分外壮观。每当雨季时节，山洪瀑发，声若雷鸣，震撼山岳，气势非凡。瀑布区为早白垩纪砂泥砾质地层，大约在距今 8 千万年，经受晚期燕山运动及喜山运动影响，地壳发生强烈的抬升，形成崇山峻岭，流水对岩石中裂隙发育部位尤其强烈下切，先形成阶梯，进一步发展形成瀑布。

三、太平山瀑布

太平山瀑布位于通什市东北面约 5 公里。这里是观瀑、登山、览湖的好地方。太平山海拔 800 多米，由晚二叠世黑云母二长花岗岩组成的山体。山下驻一小黎寨人家，穿过寨前石桥往上攀登不远，便见山前挂悬一条白练，飞珠溅玉，几经曲折才落入深潭。其声深沉，数里可闻。自观瀑亭拾

太平山瀑布 >

级上至山顶，豁然开朗，一平湖如镜，蓝天白云、四时景色尽收湖里。美景如画，仙意顿生。

四、雅加瀑布

　　雅加瀑布位于昌江县坝王岭林业公司东南5公里的雅加大桥附近，这里是南阳河的一条溪沟。雅加瀑布是南北向的山溪为主线，在晚三叠世黑云母二长花岗岩的基础上形成多级瀑布。瀑布直悬雅加大岭西侧，落差110米。四周峰峦雄峙，巨石嶙峋，百鸟鸣啼处处可闻，奇花异草比比皆是。瀑布犹如飞龙出谷，水雾纷扬，银光耀眼。若是雨后初晴，瀑布则呈现五彩幻影，更有一番迷人景象。雅加瀑布兼备水、石、潭、瀑、林等自然景观特色，集雄、奇、险、幽于和谐一体。

第五节 温泉

海南岛地热资源比较丰富，其中有热泉32处，分布于琼海市、万宁市、三亚市、陵水县、保亭县、白沙县、昌江县、东方市、儋州市、屯昌县、澄迈县及文昌市等境内。从构造区位上，热泉点均坐落在王五—文教、昌江—琼海、尖峰—吊罗及九所—陵水四条东西向构造带上及其两侧。水温高、流量大的温泉主要有：

一、官塘热泉

官塘热泉位于琼海市温泉镇温泉村，距琼海市约5公里。热泉出露于中侏罗世花岗岩中的北东向张性断裂上。热矿水 B+C 级储量6700立方米／日。流量3.3升／秒，水温34℃—73℃。泉水形成三个水塘深1—2米，见气泡有节奏涌出，泉水无色、透明，具硫磺气味，矿化度0.5克／升，SiO_2含量80毫克／升，氟含量19.6毫克／升，PH值9.6，属HCO_3—Na型热泉。因含氟较高，

知识小百科

温 泉

温泉是泉水的一种，是一种由地下自然涌出的泉水，其水温高于环境年平均温5℃以上。泉温高于45℃而又低于当地地表水的沸点的地下水露头叫热泉。

水不能饮用。泉水作为医疗热矿水使用。现已开发为旅游疗养胜地。

二、兴隆热泉

兴隆热泉位于万宁县兴隆农场温泉宾馆，有海榆公路通过。热泉处于晚侏罗世的二长花岗岩与花岗岩的接触带附近，坐落于北东走向的长安断裂上。有 12 眼热泉水沿北东及北西向张性节理涌出。热矿水 B+C 级储量 5600 立方米 / 日。流量 2.4 升 / 秒，水温 45℃—60℃。热水无色，透明，具硫化氢气味，SiO_2 含量 100 毫克 / 升，PH 值 9.8，属碱性的 HCO_3—Na 型热水，现已开辟为旅游疗养胜地。

三、南平热泉

南平热泉位于陵水县南平农场。热泉从早白垩世花岗岩张性节理涌出，沿陵水河河床长 1300 米、宽 100 米的东西向断裂上有 4 处泉眼。流量最大为 14.14 升 / 秒，水温 66℃—78℃，被河沙覆盖者水温较低。热泉水无色透明，具硫化氢气味，SiO_2 含量 90 毫克 / 升，氟含量 6.6 毫克 / 升，矿化度小于 0.6 克 / 升，PH 值 9.2，属 C_l—Na 型热水，现已开发为旅游疗养基地。

四、蓝洋热泉

蓝洋热泉位于儋州市蓝洋农场，距儋州市 16 公里。热泉处于三叠纪二长花岗岩与石炭系中，沿北西走向断裂在 4 公里距离内有 3 处泉眼出露。热矿水 B+C 级储量 7000 立方米／日。水温 40℃—83％ 以上，流量 3.92 升／秒，有气泡连续冒出。热水无色透明，具硫化氢气味，矿化度 0.32 克／升，SiO_2 含量 95 毫克／升，氟含量 12 毫克／升，PH 值 7.7，属 HCO_3—Na 型热水。现已开发为旅游度假疗养胜地。

十、南田热泉

南田热泉位于三亚市藤桥镇西北 2.5 公里处。热泉座坐于东西向九所—陵水断裂南侧的二叠—三叠纪花岗岩构造破碎带中，被北海组松散层覆盖。经勘探热矿水 B+C 级的可开采量 8030 立方米／日，水温 57℃。水化学类型为氯—钠钙型，具有较高的医疗使用价值。

第六节　岛屿

一、蜈支洲岛

全岛呈不规则蝴蝶状，面积 1.48 平方公里，东西长 1500 米，南北宽 1100 米，海岸线全长 5.7 公里，南部最高峰海拔 79.9 米。

岛东、南、西三面漫山叠翠，85 科 2700 多种原生植物郁郁葱葱。不但有高大挺拔的乔木，也有繁茂葳蕤的灌木；不但有从恐龙时代流传下来的桫椤这样的奇异花木，还生长着迄今为止地球上留存下来最古老的植物、号称"地球植物老寿星"的龙血树，寄生、绞杀等热带植物景观随处可见。

临海山石嶙峋陡峭，直插海底，惊涛拍岸，蔚为壮观。中部山林草地起伏逶迤，绿影婆娑。北部滩平浪静，沙质洁白细腻，犹如玉带天成。

蜈支洲岛享有"中国第一潜水基地"美誉。四周海域清澈透明，海水能见度6—27米，水域中盛产夜光螺、海参、龙虾、马鲛鱼、海胆、鲳鱼及五颜六色的热带鱼，南部水域海底有着保护很好的珊瑚礁，是世界上为数不多的唯一没有礁石和鹅卵石混杂的海岛，是国内最佳潜水基地。极目远眺，烟波浩渺，海天一色。

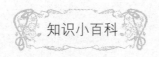

知识小百科

蜈支洲岛传说

传说，很久很久以前，一个年轻人在海上打鱼，突遇风浪把船打翻，将他漂到一座荒岛上。在岛上，他以打猎为生。一天，他到海边打鱼，发现一位美丽的姑娘，原来她是龙王的女儿，因为贪玩跑到岸边。两人日久生情，结为夫妻。

后来小龙女想家了，回龙宫把此事告诉龙王，请求他成全他们俩。之后，小龙女却没有回来。小伙子每天站在海边大声呼喊姑娘的名字。原来，小龙女回去以后把她和小伙子的事情告诉了龙王，龙王大怒，下令把她关了起来，不准她再到人间。有一天，小龙女趁看守不备跑了出来。龙王得知，在后面紧追不放。眼看着这对痴情男女就要相拥了，在后面紧紧追赶的龙王大怒，大喊一声，用了一个定身术，将两人变成了两块大石头。

千百年过去了，经历了潮起潮落洗礼的两块大石头依然矗立在那里，静静相望，近在咫尺却远在天涯。后来，人们为了纪念这对痴情男女，把这里叫做"情人岛"。现在，这里也成了青年男女耳语、听涛的好地方。

　　　　　　　　　　　　　　　　　　　　　　山清水秀　风光旖旎

< 妈祖庙

清光绪年间，海南省有位游方道人吴华存游遍海南诸岛，寻访炼丹修身之处，最终看中了蜈支洲岛的风水，欲在此结庐而居，炼丹修身。此事被当时的崖州知府钟元棣获悉，随即他也来到蜈支洲岛。看到如此美丽的小岛和绝佳的风水后，钟元棣认为这块宝地不应为个人所用，理应造福于民。于是他制止了吴道人的行为，由州府集资在岛上修建了一处庵堂，取名"海上涵三观"，供奉的是中国方块汉字的创造者仓颉。建庵时间是1893年，距今已有100多年的历史。清政府倒台后，庵堂无人管理，渔民不知所供何神，遂推倒塑像，改奉自己的航海保护神妈祖。原建庙宇早已坍塌破败，1993年岛屿的开发建设者又将其重建。

在蜈支洲岛东南的观日岩下，有一天然形成的巨石，如一只巨大的海龟，头、甲等都清晰可辨。尤值得称道的是，在整块巨石的左前方有一露出海

< 金龟探海

我爱海南

观海长廊 >

面的条状长型岩石，当海水袭来，犹如海龟用脚在划水，动态逼真，仿佛一只巨大的海龟期望回到自己的故乡，正缓缓爬向大海，故称"金龟探海"。

在蜈支洲岛西侧，沿海边地形修建了木质走廊和平台，可以沿着走廊观看蜈支洲岛清澈的海水。这一带因为礁石比较多，所以可以看到很多螃蟹在礁石上"行走"，如果运气好，在平台上还可以看到成群的热带鱼。

情人桥，原是座铁索桥，是当年守岛部队的海上瞭望点。走在摇摇晃晃的铁索桥上，需要几分胆量和机灵。有些女士既想过桥，但到瞭望点想体会一下，又怕掉进海水里，过桥时紧紧抓住朋友的手不放，因此这桥又被戏称为"情人桥"。后来为游客安全着想，将原来的铁索桥改造成现在的木板桥。

情人桥 >

山清水秀 风光旖旎

二、南湾猴岛

　　南湾猴岛位于海南省陵水县南湾半岛上，三面环海，是我国也是世界上唯一的岛屿型猕猴自然保护区。岛上有热带植物近 400 种，动物近百种，2500 多只国家二类保护动物猕猴，因此人们称之为"猴岛"。景区四季绿树葱葱，风光秀丽迷人：妩媚多姿的椰树，白浪翻扬的天然海滨浴场，色彩斑斓的珊瑚礁群，素有"海上街市"之称的渔排风情……

　　南湾猴岛景区总面积约 9 平方公里，长 14 公里，最宽处仅 1 公里，平均海拔 150 米。岛上有 3 个自然村、3000 多人口和 500 多亩农耕地。猴岛三面环海，碧波万顷，一面青山依傍。岛上怪石嶙峋，像一把铁锚抛入

< 南湾猴岛

我爱海南

浩瀚的南海，在碧波白沙的环抱下犹如拥红簇翠的图画一样迷人。这里气候温和，雨量充沛，椰树、荔枝、菠萝蜜、杨桃等果树比比皆是，草木四季常青，花果代谢不衰，是典型的热带风光。既适合猕猴生长繁衍，又能为猕猴提供充足的食物。

到南湾猴岛观猴，其趣无穷。岛上之猴，有几群已被驯化。你可以为它们拍照，也可以和它们合影。观猴最佳时刻是管理人员喂食之时，哨笛一响，满山树摇草动，猕猴们有的连蹦带跳，有的在树上一连串腾跃秋千，一眨眼功夫便集合完毕，一边争吃，一边唧唧咕咕地打闹，千姿百态。岛上除珍贵动物猕猴外，还有水鹿、小类猫、豹猫、水獭、穿山甲等近 20 种兽类；鸟类有海南鹧鸪、戴胜等近 30 种；爬虫类有蟒蛇、蜥蜴等。

第七节　热带雨林

一、五指山热带雨林区

五指山是海南第一高山，是海南岛的象征，也是我国名山之一，该山位于海南岛中部，峰峦起伏成锯齿状，形似五指，故得名。远眺五指山，只见林木苍翠，白云缭绕，绿山盘旋而上峰巅，顿觉云从脚下生，人在半空游。

五指山海拔 1867 米，主体面积 211 平方公里，是海南岛之"肺"，与南美洲的亚马逊河流域、印度尼西亚的热带雨林并称为全球保存最完好

　　　　　　　　　　　　山清水秀　风光旖旎

<海南岛五指山

的三块热带雨林。它被国际旅游组织列为 A 级旅游景区，不仅自然风光优美，而且极具神秘色彩。五指山大峡谷漂流是五指山最具特色的旅游项目，既有惊险刺激的急流险滩，又有舒缓悠静的平缓水区，是全国唯一可四季漂流的峡谷漂流点，堪称中国第一漂。

五指山热带雨林区有许多原始森林奇观。

高板根: 高大的乔木一心向上争抢阳光，为了不至头重脚轻，重心不稳，它们有的就自己设法解决，长出如墙体似的宽厚粗壮的板根，不断向两边延伸来帮助自己加固根基。热带雨林中潮湿的空气、肥沃的土壤为它的生长提供了充足的条件，如蝴蝶树的板根可高达数米，形态如同火箭的尾翼。

<根抱石

我爱海南

根抱石：有的树种没有长板根的本领，那也难不倒它们，它们就伸展自己粗大的树根，紧紧拥抱住身旁的巨石，它的根基也就稳如磐石了，这就形成了高板根和根抱石奇观，展示了乔木顽强的生命力和对环境的适应能力。

古藤缠树：古藤缠树是藤本攀附形成的，攀附的藤蔓有的紧缠树身，直达树冠，有的则像是大树上长出的辫子，从高大的乔木树冠上直垂到地面。民谣曰"树死藤缠缠到死，藤死缠树死也缠"。

树木的绞杀 >

老茎生花：老茎生花奇观则发生在聚果榕树身上，开花结果不在树枝上面而在树的茎干上，也算是树中一绝了。

空中花篮：空中花篮和树木的绞杀现象都起因于禽鸟的杰作，是它们在不经意中把兰花或蕨草的种子或幼苗带到了高大的乔木树冠上或垂挂于空中的藤蔓上，并在那里生根、开花，就形成了空中花篮奇观，为热带原始森林增色不少。

树木的绞杀：禽鸟无意中将高山榕的种子带到一棵树上，那它就扮演了森林杀手帮凶的不光彩角色，这棵树最终将会被高山榕的支持根慢慢扼住它赖以供应水分和营养的全部通道而被绞杀。树木中的高山榕同样是热带原始森林中可怕的植物杀手。

五指山热带雨林区共有森林面积860平方公里。森林中木本植物1400种，高级珍贵木材150多种，药用植物1000多种，还有名贵的五指山兰花100多种。特别是五指山动物种类繁多，野生动物524种，占全国动物种类的22.2%，许多生物种属为五指山区所独有。五指山热带雨林区有600多种蝴蝶，占中国蝶种的50%。

二、霸王岭热带雨林区

霸王岭山岳连绵，跨于昌江、白沙、乐东、东方境，霸王岭总面积117万多亩，其间一座座数百米到1000多米高的山峰，峰峰并列，原始森林扑朔迷离，草木峥嵘，奇树异藤争旺斗绿，触目皆是奇观，是森林旅游的理想境地。其中霸王岭自然保护区位于白沙、乐东两县交界处，面积约3.5万亩。这里，由于自然条件得天独厚，自然生态系统保存完整，有多种珍稀动植物繁衍，是我国热带生物资源最丰富的地区之一。

三、尖峰岭热带雨林区

在这片神秘的热带雨林里生长繁衍着海南 75% 的植物和 85% 的野生动物种类。尖峰岭地区目前尚保存了中国整片面积最大的热带原始森林，其植被的完整性和生物物种的多样性位居全国前列，不亚于亚马逊河、刚果河及东南亚热带雨林。公园森林覆盖率 96%，古木参天，藤蔓缭绕，溪水潺潺，云雾缭绕，融大山、大海、大森林于一体。

四、吊罗山热带雨林区

吊罗山热带雨林区位于海南东南部，地跨五指山、保亭、琼中、万宁、陵水等五个市县，距海南东线高速公路陵水出口以西 20 公里，有省道相通，正处于海南东海岸旅游热线的结合部，是海南东线旅游圈的重要组成部分。总面积 3.8 万公顷，森林覆盖率 86.6%，是中国热带雨林保存最为完整的地区之一。

五、黎母山热带雨林区

黎母山热带雨林区位于海南中部琼中县境内，与儋州、白沙交界，它是海南三大江河——南渡江、万泉河、昌化江的发源地。地处热带常绿季雨林地带，是我国热带雨林生物资源最丰富的地区之一。

第八节　海南动植物景区

一、野生动植物园

海南热带野生动植物园位于海口市秀英区东山镇，距海口27公里处，是中国首家以热带野生动植物博览、科普为主题的公园，是海南省重点旅游项目、全国科普教育基地。目前整个园区面积达2000余亩，世界珍稀保护动物200余种，数量达4000余头（只）。园区设有车行观赏区、步行观赏区、湖边度假区、中心服务区等。其中动物观赏区自然放养珍禽猛兽及热带珍稀濒危动物200余种。游客可乘车在行车观赏区观赏非洲狮、东北虎、黑熊等猛兽在自然状态下的风采，也可在步行区观赏亚洲象、长颈鹿、鳄鱼、河马、巨蜥、长蟒、鸸鹋、矮马等。

< 热带动植物园

知识小百科

见血封喉

　　见血封喉，又名箭毒木，为桑科见血封喉属植物。见血封喉汁液剧毒，与人的流血伤口接触能使人心脏停跳，溅到人的眼里，眼睛会立即失明。

二、兴隆热带植物园

　　兴隆热带植物园隶属农业部中国热带农业科学院热带香料饮料作物研究所，地处海南岛东南部兴隆，占地600亩，有植物品种1200多个，始建于1957年。植物园气候条件优越，属典型热带季风气候，自然植被发育良好，是海南旅游开发的一颗璀璨的风景明珠，它以独特丰富的热带植物而闻名于世。植物园拥有热带经济作物如咖啡、胡椒、香草兰、可可等和榴莲、山竹等名优稀特果树、林木及园艺植物品种，保存有见血封喉等野生植物资源和珍稀物种，引进国内外名贵的热带植物种类，合理配置，

兴隆热带植物园 >

结合林草等优美景观相间布局，是一座物种资源丰富、园林景观优美。具有科研、科普、观光和植物种质资源保护功能的综合性热带植物园。1998年被国家旅游协会等4家单位评选为我国著名风景名胜点，还被评选为海南优秀旅游景点。

三、呀诺达雨林文化旅游区

呀诺达雨林文化旅游区位于三亚市郊，海榆中线三亚至保亭方向18公里处，距离三亚市中心仅35公里。呀诺达雨林文化旅游区是中国唯一地处北纬18°的热带雨林，是海南岛五大热带雨林精品的浓缩。

"呀诺达"是形声词，在海南本土方言中表示一、二、三。景区赋予它新的内涵，"呀"表示创新，"诺"表示承诺，"达"表示践行，同时"呀诺达"又被意为欢迎、你好，表示友好和祝福。

< 呀诺达雨林文化旅游区

我爱海南

呀诺达雨林文化旅游区热带雨林谷遮天蔽日，流泉叠瀑倾泻而下，年平均温度24℃。踱步雨林中，呼吸着清新的空气，沿途有百年古藤、千年古蕨、巨大的仙草灵芝、"冷血杀手"见血封喉以及热带雨林的六大奇观等……

呀诺达雨林文化旅游区目前已建成了呀诺达雨林谷：密林深处的生态栈道、巨石两边陡峭的石级、悬空摇晃的过山吊桥、峡谷飞瀑中攀爬的铁索依山势地形巧妙结合……让游客一走进"呀诺达"，就感受到雨林深处的静谧和神奇，领略到飞瀑戏水的刺激和乐趣，体会到空中天道的震撼和新奇。

第九节　遗址故居

一、东坡书院

东坡书院位于海南省儋州市中和镇，离现儋州市政府所在地那大镇40多公里，是为纪念北宋大文豪、谪臣苏东坡而建于北宋（1098年）的。这座古老的东坡书院就在一片椰林之下，是国家级的文物遗址保护地。东坡书院为历代儋州最高学府，培养了不少人才，成为海南重要的人文胜迹之一。

宋哲宗绍圣四年（1097年），苏东坡被贬为琼州别驾。他先住在儋州官舍里，后被上司逐出，便在桄榔林里盖了几间茅屋居住，命名为桄榔庵。苏东坡与当地人结下了深厚感情，儋州州守张中和黎族读书人家黎子

∧ 东坡书院

云兄弟共同集资，在黎子云住宅边建了一座房屋，既可作为苏东坡及其少子苏过的栖身之处，也可作为以文会友的地方。苏东坡根据《汉书·扬雄传》中"载酒问字"的典故为房屋取名"载酒堂"。以后，苏东坡便在载酒堂里会见亲朋好友，并给汉黎各族学子讲学授业，传播中原文化。

清代，载酒堂改称"东坡书院"。书院旧址虽已经历了900年的风雨侵蚀，但当地人民出于对苏东坡的怀念仰慕之情，几番修建、扩建，现在东坡书院已完全恢复了当年风貌，成为颇具规模的旅游点。

东坡书院坐北朝南，书院大门轩昂宏阔，门上横书"东坡书院"4字，为清代举人张绩所题。院内一座池塘清波涟漪，有小桥从池塘上跨过，直通载酒亭。亭上绘有反映苏东坡当年生活、写作、授徒情景的8幅图画，生动形象。载酒亭东西两侧有金鱼戏水、红莲盛开的莲池。

东坡书院的第二进是长方形的"载酒堂"。这里曾是苏东坡讲学、会友的地方。堂中两侧有历代名人的诗文碑刻13座。后墙上的两幅大理石刻，右边一幅为明代大文学家宋濂所题，左边一幅是明代大画家唐寅所画的《坡

我爱海南

仙笠屐图》：苏东坡头戴竹帽，脚穿木屐，高卷裤管，身体向前倾斜，在村路上顶雨急归。

东坡书院的最后一进是大殿，大殿正中有一组玻璃钢制作的塑像，是苏东坡和儿子苏过以及好友黎子云，殿上题匾为"鸣雪因缘"。东园里有一口井，叫钦帅泉，为明万历年间所挖，井水清凉甘冽。东坡书院中还设有展览馆、望京阁等供来海南旅游的旅客参观、游览。

二、琼崖纵队司令部旧址

琼崖纵队司令部旧址在海南琼中县便文乡，位于海南岛第二高峰鹦歌岭半山腰。地理位置优越，交通便捷。占地面积 600 亩，是全国六大革命根据地旅游景点之一，同时也是海南第一个以爱国主义教育为主题的公园。便文乡是一个不足百户的山村，1945 年冯白驹将军和黎族人民起义领袖王国兴会师后，在此建立了革命根据地。不过如今，当年琼崖纵队司令部旧址已变成了小学校了。琼崖纵队司令部旧址让人们在缅怀先烈和英雄，领略革命前辈战斗功勋的同时，珍惜现代的美好生活；让游人在欣赏青山碧水，陶醉于自然美景的同时，受到爱国主义思想的熏陶。

三、宋氏祖居

宋氏祖居位于文昌市昌洒镇古路园村，坐落在一片果树环抱的山丘上，周围郁郁葱葱，环境优美。沿着进村的林荫小道走 100 多米，就可到达宋氏祖居。

宋庆龄的高祖、曾祖、祖父三代都居于此地，宋庆龄的父亲宋耀如在这间祖居里诞生。为纪念宋庆龄及其家庭在历史上所做的贡献和深远的影

＜ 宋氏祖居

响，文昌市人民政府修复了宋氏祖居。陈列馆设在其中，馆内分别陈列着宋庆龄青少年时代、革命战争年代和从事世界和平事业以及国内外各界人士对她的深切怀念的史料、绘画、照片、图表、仿制实物等。让人们更加真切地了解宋氏家族。

四、千年古盐田

1200 多年前的唐末年间，一群福建莆田的盐工不知什么原因，千辛万苦迁居到当时海南岛西部的古儋耳郡，在洋浦半岛的海边开山辟石，建造家园和盐田。他们的盐田十分独特，将海边大片的天然火山岩石削去一半，在石头顶部除四周留出凸边外，把中间打磨平滑，做成石槽。平时在这些石槽中注入经海泥过滤后的海水（涨潮时海水就会自动漫入这些盐

∧ 千古盐田

槽），靠阳光晒出高品质的食用盐。由于这种方式开创了高产量的"日晒制盐"的先河，清朝乾隆皇帝曾御书"正德"赐给这些盐田人。后来人们也称这里为"千年古盐田"。

如今750多亩的古盐田偎依在盐田村的海边，1000多个形态各异的砚式石盐槽分布其中。据说以前曾经有近千户人家居住在盐田村晒制海盐，而现在只有寥寥30多户人家面对着荒没，仍然沿袭古时的劳作，坚守世袭的祖业。

五、红色娘子军的足迹

到海南，不能不去领略中国革命史富有传奇色彩的娘子军的风采，聆听近百岁的红色娘子军老战士诉说那充满传奇的战斗故事。红色娘子军纪

∧ 红色娘子军纪念馆

念园位于东线高速公路温泉万石出口处，占地面积 200 亩，纪念园主要由和平广场、纪念广场、红色娘子军纪念馆、红色娘子军连部、娘子军歌舞表演、椰林寨、南霸天故居、旅游服务功能区等八大部分组成。2001 年 6 月被中共中央宣传部授予"全国爱国主义教育示范基地"。

六、崖州古城

崖州古城，即现海南三亚市崖城镇，位于三亚市西 40 多公里处，自南北朝起建制崖州，宋朝以来历代的州、郡、县治均设在这里。

秦始皇时期设置南方三郡，崖州是其中之一的象郡的"外徼"（边界）。在宋以前为土城，南宋庆元四年（1198 年）始砌砖墙，后经元、明、清三代扩建，清道光年间，古城建筑基本定形，城墙四周长约 2270 米，高约 8 米。古城东、西、南、北门分别是阳春门、镇海门、文明门和凝秀门。城外开

崖州古城 >

护城河设吊桥，城内设御敌楼、谯楼、月城等。古城现存文明门、北门小段城墙及崖城学宫、迎旺塔、盛德堂等古建筑。

从唐朝起不少官僚名仁被奸臣陷害，曾被流放到崖州城。单是副宰相以上的大官重臣就有14人之多，如唐朝的韦执谊、唐瑗；宋朝的丁谓、赵鼎、卢多逊、胡铨，元朝的王仕熙，明朝的王倬、赵谦等。因此崖城又有"幽人处士家"之称。

崖城镇现为三亚唯一的历史文化名镇，现存的历史文化遗产众多：省级文物保护单位1个（中国最南端的孔庙——崖城学宫）；市级文物保护单位13个，如盛德堂、广济桥、迎旺塔等；书院、公馆、会馆、庙宇、名人故居和重要古名居50多座，如鳌山书院、三姓义学堂、何秉礼故居、廖永瑜故居、孙氏宗祠等；新石器遗址7个，如河头遗址、卡巴岭遗址等；

山清水秀　风光旖旎

∧ 崖州学宫

古城墙和历史文化遗迹地 20 个，如钟芳故里、相公厅、鉴真和尚登陆地、
黄道婆崖城居住地等；民国时期历史骑楼街区，轿夫、牌坊骑楼街区等；
红色历史纪念地，如崖城革命历史纪念碑等。

第八章

绿色振兴的新海南

　　在可再生能源越来越受到国际广泛关注的大背景下，海南提出要加快转变经济发展方式，探索绿色、清洁、低碳、生态、可持续的科学发展之路，这也是海南建设国际旅游岛的必然选择。

∧ 美丽富饶的南海，是海南渔民世代耕耘的一块沃土

一、旅游业

海南旅游资源不断得到深入开发，特别是 2010 年海南创建国际旅游岛后，海南旅游业呈加速发展态势，一批新景区纷纷亮相市场；传统景区也加紧进行升级改造

目前，海南共有 A 级景区 36 家，其中 5A 级景区 2 家，4A 级景区 15 家。而根据已出台的《全省重点旅游景区和度假区规划建设的若干意见》，至 2015 年，海南的国家 5A 级旅游景区（点）将达到 8—10 家。大型热带雨林森林公园、西沙海洋国家公园、大型湿地公园、大型野生动植物园、航天主题公园、海洋主题公园、电影主题公园、大型游乐园、"空中巴士"观光项目等也正在积极筹建中。

海南正按照"大规划、大项目、大企业、大投入、大营销"的战略，高起点规划，大手笔开发，高品位建设，按照"整体设计、系统推进、滚动开发"的空间发展模式，建设一批与海南国际旅游岛建设目标相符合的世界级旅游项目。

截至 2011 年，海南省星级酒店已有 209 家。其中，五星级酒店达 22 家，按照五星级标准建成尚未评星的高档酒店 20 多家。

二、海洋渔业

渔业养殖正从粗养转向精养，海水网箱养殖逐步从港湾向近海发展，捕捞渐由近海向外海拓展，一批渔业专业合作社悄然崛起。

绿色振兴的新海南

三、海南推进太阳能产业发展，提供清洁优质能源

在可再生能源越来越受到国际广泛关注的大背景下，海南提出要加快转变经济发展方式，探索绿色、清洁、低碳、生态、可持续的科学发展之路，这也是海南建设国际旅游岛的必然选择。海南省委、省政府高度重视可再生能源尤其是太阳能资源的开发利用，出台了相关扶持政策，给予了有力支持。目前，海南已经具备一定的太阳能产业基础，全省已建和在建太阳能发电装机容量近 50 兆瓦，清洁能源占一次能源的比重达到 35%的国内领先水平。

< 海南三亚太阳能光伏并网发电站

我爱海南

> 海南发展热带高效农业
建全国人民"菜篮子"

四、农业结构改革

2007 年，《农民专业合作社法》颁布实施。海南省各市县依托当地资源优势，大力扶持农民专业合作社等新型农民合作组织，使各类农民专业合作社在琼州大地蓬勃兴起。

农民专业合作社以利益为纽带，将资金、土地、劳力联结起来进行专业化生产、规模化经营，降低了生产成本，提高了农产品附加值。特别是"农民专业合作社＋农民"的模式，使农民不仅拿到种植、养殖环节的利润，也分享到销售环节的一部分利润。

五、三沙市的设立

三沙市位于中国南海，是中国地理纬度位置最南端的城市。为海南省第三个地级市，下辖西沙群岛、中沙群岛、南沙群岛的岛礁及其海域。涉及岛屿面积 13 平方千米，海域面积 200 多万平方千米。是中国陆地面积最小、总面积最大、人口最少的城市。海南省三沙市人民政府驻地位于永兴岛，是西沙群岛同时也是整个南海诸岛中最大的岛屿。2012 年 7 月 24 日，三沙市人民政府正式挂牌成立。

图片授权

全景网

壹图网

林静文化摄影部

敬　启

本书图片的编选，参阅了一些网站和公共图库。由于联系上的困难，我们与部分入选图片的作者未能取得联系，谨致深深的歉意。敬请图片原作者见到本书后，及时与我们联系，以便我们按国家有关规定支付稿酬并赠送样书。

联系邮箱：932389463@QQ.com